沖縄戦の真実と歪曲

大城将保
Ooshiro Masayasu

高文研

もくじ

第Ⅱ部 沖縄住民が体験した「軍隊と戦争」

装丁＝商業デザインセンター・松田礼一

●――プロローグ

一九七一（昭和四六）年一一月。琉球政府の屋良《やら》朝苗《ちょうびょう》行政主席は「復帰に関する建議書」をたずさえて上京した。六九年一一月の日米共同声明に基づいて、沖縄県民の頭越しに沖縄返還協定を審議している「沖縄国会」へ請願するための思い詰めた行動だった。建議書には、沖縄県民の総意をまとめた四本柱の要求がかかげられていた。

①地方自治権の確立　②反戦平和の理念をつらぬく　③基本的人権の確立　④県民本位の経済開発。とくに「反戦平和」の章では次のように独自の安全保障論を展開している。

「去る大戦において悲惨な目にあった県民は、世界の絶対平和を希求し、戦争につながる一切のものを否定しております。そのような県民感情からすると、基地に対する強い反対があることは極めて当然であります。しかるに、沖縄の復帰は基地の現状を堅持し、さらに、自衛隊の配備が前提になっているとのことであります。これは県民意志と大きくくい違い、国益の名においてしわよせされる沖縄基地の実態であります」

「安保と沖縄基地についての世論では安保が沖縄の安全にとって役立つと言うより、危険だとする評価が圧倒的に高いのであります。この点についても、安保の堅持を前提とする復帰構想と多数の県民意志とはかみあっておりません。県民はもともと基地に反対しております」

屋良主席が羽田空港に降り立った時、国会ではすでに与党の強行採決で沖縄復帰特別措置法が通ってしまった後だった。「復帰に関する建議書」はまぼろしの歴史文書になってしまった。

この七二年復帰は「第二の琉球処分」といわれたが、明治の琉球処分の時も、沖縄に軍隊を置くか置かないかで明治政府と琉球王府との間で激しいやりとりがあった。

一八七五（明治八）年、政府から派遣された松田道之処分官は琉球処分の布石として那覇に熊本鎮台分隊（軍隊）を置きたいと要求してきた。

「国内を経営するに当たっては其の要地所在に鎮台又は分営を設置して以て其の地方の変に備う。これ政府の国土人民の安寧《あんねい》を保護する本分義務にして他より之を拒みうる権利なし」（国内を治めるには要所に軍隊を駐屯させて治安を維持しなければならない。政府が国土や国民を守るのは当然の義務だから、軍隊を置くことに清国などの外国が反対する権利はない）

しかし琉球側はこの提案を次のようにきっぱりと断っている。

「琉球は南海の一孤島であるから、どのような軍備を設けても敵の侵略と戦う力はない。このような弱小国が軍備をもてばかえって敵国が攻撃する原因となって国は危なくなる。むしろ武力に頼らずもっぱら善隣外交によって諸国とつきあい、柔よく剛を制すの精神で国家の安全を保つべきである」

明治政府が「備えあれば憂いなし」と説得するのに対し、琉球側ははっきりと「備えあれば憂いあり」と反論しているのである。一九七二年、日本復帰のときの琉球政府の建議書の論理と瓜二つに見えるのは偶然だろうか。

琉球王国の国家経営の根本思想は、礼儀をもって外国と善隣外交をもち、柔よく剛を制す、というものだった。一八五七（宝暦七）年、尚穆王《しょうぼくおう》の冊封の儀式に中国皇帝の使者として来琉した周煌《しゅうこう》の報告書に次のようなくだりがある。

「小国の大勢は即ち久しく存し、強国は即ち速く敗れる。琉球の俗は兵を語るを頗《すこぶ》る諱《い》む」（アジア諸国の歴史をながめると武力に頼る大国の多くは早く滅び、むしろ弱小国の方が長持ちしている。琉球もその例にもれず弱小国ながら栄えている。琉球人は戦争や軍事のことを論ずるのをひどく嫌う）

「武器なき国」の小国は外交（礼儀）で生きるしかないという琉球の生き様を具体的に描いた旅行記もある。一八五四（安政元）年に和親条約を結ぶために来琉したロシア艦隊のプチャーチン提督が那覇港に停泊したフレガート艦の上で那覇里主《さとぬし》と会見した模様を文豪ゴンチャーロフが記録に残している。

「提督は、長崎で幕府から献上された日本刀を那覇里主に見せながら、『琉球にもこのような刀剣がありますか』とたずねた。里主は『ありません』と答えた。『では、琉球の武器はどんなものですか』ときくと、彼は帯にはさんであった扇子《せんす》を示して、『これ一本あれば十分です』と答えた」禅問答のような会話だが、那覇里主が言わんとするところは、「琉球は武器を用いることなく談判（対話）でもって諸外国とつきあっている」という意味である。

琉球のサムレー（士族）は刀のかわりに広帯に扇子一本をさして歩く。相手と会談するときは、扇子を膝にたてて発言するのを作法としていたのだ。扇子は対話による平和外交のシンボルだったのである。「弱小国には弱小国の生き方があるのだ」とポンと扇子で畳をたたく気概を、われわれはいつごろから忘れてしまったのだろう。

もともと沖縄には武士道や任侠や刀の文化はない。山桜の潔さも死の美学も玉砕思想も沖縄の伝統とは無縁なものであった。あのイクサがやってくるまで沖縄は全国で唯一軍隊も基地もない平和な島だったのだ。それが、「不沈空母」の島になり、「太平洋の要石《かなめ》」となり、いままた米軍再編と自衛隊の沖縄進出によって新たな軍事基地が作られようとしている。これを「悪縁」というわずしてなんと呼べばいいのか。この悪縁をどのようにして絶ち切ればよいのか、復帰三五年目の宿題は重たい。

第Ⅰ部

教科書検定はなぜ「集団自決」記述を歪めるのか

「平和の礎」と平和祈念資料館

「平和の礎」の前で

二〇〇七年六月二三日、沖縄慰霊の日。

早朝から何となく心が落ちつかないので、日課のラジオ体操をすませると、朝飯もそこそこに摩文仁岬へバイクを飛ばした。

わが家は沖縄本島の南端に位置していて、正面にエメラルド色のイノー（礁湖《しょうこ》）をかかえ、その向こう側に太平洋の紺碧の海原が天涯まで続いている。浅海と深海を区切るリーフ（干瀬《ひし》）の線が防波堤のように横一線にのびていて、東の端に久高《くだか》島の細長い島影が伏せ、西の端では摩文《まぶ》仁《に》岬が波間にするどく嘴《くちばし》をつきだしている。

久高島は琉球開闢《かいびゃく》の神々アマミキョ族が降臨した神島として崇められ、対岸の知念岬にある世界遺産の斎場御嶽《セーファうたき》はその久高島を遥拝するために琉球王府が定めた聖地である。

対する西側の摩文仁《まぶに》岬は、沖縄戦の終焉の地として知られる沖縄戦跡国定公園の南端にある。一九四五（昭和二〇）年六月二三日、沖縄守備軍（第三二軍）の軍司令官牛島満中将と軍参謀長長《ちょう》勇少将が割腹自決をして組織的抵抗を終えた地である。

言ってみれば、わが家は新旧両端の霊域を遥拝できる場所にあるわけで、新原《ミーバル》ビーチの沖から運ばれてくる潮鳴りが時にはオモロの神歌に聞こえることもあるし、時には鎮魂のレクイエムに聞こえることもある。

摩文仁岬まではバイクで二〇分の近さである。岬の崖っぷちに県立平和祈念公園の広場があって、きょうの正午から沖縄県主催「沖縄戦全戦没者追悼式」が挙行される式場だ。摩文仁丘とよばれる南端の岩山のうえには牛島、長両将軍を祀る「黎明《れいめい》の塔」を頂点にして各県各団体の慰霊の塔がずらっと並んでいる。沖縄戦跡には四六都道府県すべての慰霊塔がそろっている中で、ひとり沖縄県の慰霊の塔というものはない。そのかわり、沖縄県は沖縄戦終結五〇周年記念事業として平和祈念公園の広場に「平和の礎《いしじ》」を建立した。私がめざすのも「平和の礎」の広場である。

「平和の礎」には国籍、所属、軍民の区別をすべて超えて、沖縄戦とその周辺で犠牲になったすべての戦没者の名前を刻んである。刻銘碑には、戦没者の姓名のほかはなにひとつ徴《しるし》はない。性別、年齢、戦死場所、所属、官等級などは刻まれてない。ただ出身地がわかるような標識はある。戦地に散った死者の魂は古里へ帰る、という意味がこめられている。「名前」は最も確かな人間存在のシンボルである。しかし、一個の人間の生と死の意味は死亡時の社会的立場や階級や所属等によって固定化されるものではないという考え方が、われわれ刻銘検討委員会がながい議論のすえにたどりついた結論であった。

戦没者の名前を五十音順・アルファベット順に刻んだ黒みかげ石の刻銘碑は東方の海原にむかっ

て扇形に配列され、扇のかなめのところで「平和の灯」が燃えている。広島と長崎から永遠の火を分けてもらい、米軍初上陸地の阿嘉島《あか》で太陽から採火した火とあわせて「平和の灯」として燃やし続けている。石碑の列は平和の波を象徴し、平和の炎は世界の恒久平和を熱望する沖縄の心を象徴している。海をこえて全世界に平和のメッセージを発信するというコンセプトになっているのだ。

礎に刻まれる名前は毎年慰霊の日に追加刻銘され、一〇年たったいまでも増え続けている。今年は二三五人が追加されて、総数は二四万六〇九人になったという。

刻銘総数は三カ月余におよぶ沖縄戦の激烈さを物語るものであり、そして年々新たに追加される数字は、六十余年たったいまでも沖縄戦の戦後処理がいまなお決済しきれていないことを物語っている。沖縄戦の戦没者数はまだ正確にはわかってないのだ。

午前七時、広場には三々五々家族連れの参拝者の群れが集まっている。刻銘碑の前にお花と線香を手向けて手を合わせている家族連れが多い。子どもたちに縁者の名前を一つひとつ指さして説明している祖父母たちがいる一方で、独りきりになって肉親の名前をなでながら死者との語らいをしている老婦人もいる。

顔見知りのお婆ァに出会ったので挨拶すると、彼女は日の出の五時ごろには家を出てきたという。「沖縄戦全戦没者追悼式」がはじまるまでには数時間もあるのだからこんなに早く出てくる必要はないのだが、「年に一度グソウー（後生・あの世の人）の皆さんとの面会日だからね、夕べはちっとも眠れなかったさあ」と笑っている。目の前の刻銘碑には出身地ごとに戦没者の名前が五十音順に並んでいる。たいてい一集落で三〇〇人から五〇〇人ぐらい並んでいるから同姓の名前は家族か親戚になるだろうから「グソウーの皆さん」との面会ということになるのである。

公園管理事務所では当初、「平和の礎」は慰霊塔ではないから香華をお供えするのは遠慮してもらいたい、と呼びかけていたが、遺族の思いには根負けして今では黙認状態になっている。沖縄戦の戦没者で遺骨が帰還したのはごくわずかである。ほとんどはどこで死んだかもわからないままである。だから以前は「魂魄《こんぱく》の塔」など、この一帯の村々に建てられた大きな慰霊塔（無縁墓）を参拝していたのだが、「平和の礎」ができてからは、刻銘碑が墓所の代理をつとめるようになった。石に刻まれた「名前」がかつてこの世に存在した一個の人格に代わって対面してくれるのである。

知り合いのお婆ァが、前夜ほとんど眠れなかったという裏には、ただお墓参りが待ち遠しいというだけではない理由が隠されているはずだ。慰霊の日が近づいてくると、梅雨の雨を見るにつけ、デイゴや月桃の花を見るにつけ、ふだんは胸の奥に閉じこめてある地獄の戦場の光景が次々と脳裏に現れてきて寝苦しい夜をすごすのは戦場体験者の常である。早朝、薄暗いうちから「平和の礎」を訪れてくる人たちは、そういう言葉にあらわせない記憶を抱えている人たちが多い。

だから、五つの歳で熊本の安全地帯に家族疎開をしていた私などは、実際の戦場を知らないというだけで何となく肩身がせまくて、慰霊の日になると、やはり落ち着かない気持ちになって、「平和の礎」や「魂魄の塔」などに足が向くのである。

スナップ写真を撮りながら礎の広場を歩き回っていると数人の知人に出会って立ち話になった。話題は判でおしたように「集団自決」記述削除の教科書検定問題の行方についてである。今朝の新聞も恒例の慰霊の日特集とはおもむきをかえて、「『集団自決』修正に怒り」など大きな見出しがおどっていて教科書検定に対する県民の怒りを紙面いっぱいに反映していた。沖縄平和ネットワークの仲間であるジャーナリストの大島和典さんによると、当日、平和祈念公園でインタビューを申し込んだ十数名のうち一人として断る人はなく、進んで自分の戦争体験を語ってくれたという。めったにないことで、たぶん「集団自決」軍命削除の教科書検定に危機感と怒りを覚えて、黙っていられないという気持ちになったせいではなかろうか、という感想である。やはり、今朝の早朝参拝者の出足の早さは、ここ三カ月県民世論を沸騰させてきた「集団自決」記述削除問題が影響していたのだ。

「軍命による集団自決」をめぐって

二〇〇七（平成一九）年三月三〇日、文部科学省（文科省）は〇六年度教科書検定の結果を公表したが、五社七冊の高校歴史教科書の「集団自決」についての記述にクレームがつけられ、「沖縄戦の実態について誤解する恐れがある表現」という理由で、日本軍による命令、強制、誘導等の表現をすべて削除・修正させたことが明らかになった。

三月三一日の新聞各紙に一面トップの大見出しで「教科書検定で『集団自決』の軍の関与を否定」と大きく報道されると、県民世論はこの問題で沸騰し、多くの団体が検定意見の撤回を求める運動にたちあがっていた。

マスコミ関係者の関心は、全戦没者追悼式に出席する安倍晋三首相が教科書検定問題についてどのようなコメントを出すか、という点にあった。もしかしたら参議院選挙を間近にひかえた県民感情への配慮から、慰霊の日にぶつけて検定意見の撤回を表明するのではないかという観測も一部にはあった。

沖縄県議会では、「集団自決」修正の検定意見の撤回と記述の回復を求める意見書をめぐって与野党の間でぎりぎりの交渉が続いていた。最大与党である自民党内には「軍の関与」を主張する意見書の文言に反発する空気もあって、一時は全会一致の可決は難しいという雲行きであった。だが、県内四一市町村議会のうちすでに三六議会で検定意見の撤回を求める意見書を可決しており、月内には全市町村が出そろうことが確実になっていた。県民世論におされて、ついに与野党の調整がまとまって、慰霊の日の前日に「教科書検定に関する意見書」が全会一致で可決されたのだった。

意見書は次のように明言している。

「(文部科学省)は、『日本軍の命令があったか明らかではない』ことや、『最近の研究成果で軍命はなかったという説がある』ことなどを挙げているが、沖縄戦における『集団自決』が日本軍による関与なしに起こり得なかったことは紛れもない事実であり、今回の削除・修正は体験者による数多くの証言を否定しようとするものである。……よって、本県議会は、沖縄戦の実相を正しく伝えるとともに、悲惨な戦争を再び起こさないようにするためにも、今回の検定意見が撤回され、同記述の回復が速やかに行われるよう強く要請する」

県議会の最大会派である自民党としては、「日本軍の関与」を認めたがらない政府への遠慮もあって内部ではかなり議論があったようだが、結局、県民世論には逆らえず右のような内容に落ち着いたわけである。

ここに至るまでには、私の周辺に限ってみても、三月末以来のあわただしい動きがあった。四月二日には「沖縄戦の歴史歪曲を許さず、沖縄から平和教育をすすめる会」に結集した教育、平和、歴史関係の団体が顔をそろえて抗議声明を発表、四月六日には「平和教育をすすめる会」の主催で「沖縄戦の歴史歪曲を許さない！　緊急抗議集会」が開催され、教育福祉会館のホールが満席になり、新聞記者だけでなく各社のテレビの取材カメラが動き出した。以後、抗議集会のアピール文と活動方針にそって各種の小集会や学習会が各地で開催され、「平和教育をすすめる会」を中心に街頭署名活動がはじまった。私も「平和教育をすすめる会」を構成する沖縄平和ネットワークの役員として久しぶりに街頭署名活動に参加したが、国際通りを行きかう人々の反応は予想をこえるものであった。ある年齢層になると「沖縄戦」とか「集団自決」と聞くだけで反射的に足をとめるのである。沖縄戦体験がまだ生々しく継承されていることが実感された。

抗議行動は急速にひろがって、六月九日には県内の主要団体を網羅した六三団体の共催で「6・9沖縄戦の歴史歪曲を許さない！　沖縄県民大会」が開催された。会場の県民広場には三五〇〇人が結集して久しぶりに「島ぐるみ運動」の様相が見えてきた。

沖縄では、沖縄戦とか基地問題とか平和の問題になると県民すべてが大同団結して、「島ぐるみ運動」に立ち上がってきた歴史がある。米軍の土地取り上げに反対した土地闘争の場合も、基地付き返還に反対した沖縄返還協定闘争の場合も、八二年「教科書検定・住民虐殺削除」問題の時も、近くは九五年の「米兵による少女暴行事件抗議運動」の場合でも、いざとなれば島ぐるみで結束して抵抗する。その場合の合い言葉はきまって「沖縄戦の犠牲を忘れるな！」であった。六二年前の沖縄戦の体験は、県民にとって今でも「沖縄のこころ」の原点として重きをなしているのである。

こうした緊迫した空気が島中にみなぎるなか、慰霊の日の式典に参列するために来島する安倍首相が、二四万人の戦没者のまえで、なんらかのコメントを発表するのではないかと県民もマスコミもかたずをのんで注目していたのだが、期待はあっさり肩すかしをくらう結果に終わった。仲井真弘多《なかいまひろかず》知事が式典の平和宣言で「沖縄戦の真実の姿を次の世代に伝え、教訓を生かすことが求められる」と言及して軍命削除の教科書検定への批判をにじませたのにくらべて、総理大臣挨拶ではこの問題には全くふれず、記者会見で質問されても「沖縄戦での悲惨な出来事が県民の心を深く傷つけたとあらためて認識した」と見当違いの答弁でお茶をにごすだけだった。

政府・文部科学省のこの問題に対する態度は、県民から突きつけられた「軍の強制」という具体的な事実については否定できないままに、「検定制度の信頼性を失うことになるので、検定前の表現に戻すことは難しい」という文科省審議官の答弁に終始している。要するに、文科省のメンツを保つためには、歴史の真実も戦争犠牲者の訴えも子どもたちに歴史の真実を伝える責任も一切無視するという傲慢な態度である。県民は政府の不条理な態度に不信と怒りをつのらせた。さらに怒ったのは沖縄県と沖縄県議会である。沖縄県も県議会も、今度の問題に対しては、異例ともいえる強硬な姿勢で政府・文科省に検定意見の撤回を要請し続けた。

六月二一日、仲村守和県教育長は県議会の決議を待たずに教育現場と『沖縄県史』発行に責任を負う立場から、独自に文科省の審議官に対して「『集団自決』は広い意味での軍の関与は否定できず、『集団自決』は紛れもない事実である」と説明し、検定意見の撤回を要請した。この前例のない要請行動に県内教育関係者からは、「教育は地域に根ざし、真実を伝えるもの。沖縄県の歴史を沖縄の教育者が否定するわけにはいかない。県民の総意を受けて申し入れたことを評価したい」（松田寛高教組委員長）など歓迎の声があがった。

続いて、県議会、市町村議会、市長会などの代表六名が検定撤回と記述回復を要請する決議文を携えて文科省へ向かった。しかし、県民の総意を代表してきた要請団に対して文科大臣はまたも面会を拒み、対応に出てきた文科省審議官も、要請団が「軍命があったことは厳然たる事実であり、検定意見の撤回は沖縄県民の総意である」と迫っても、「教科図書用検定調査審議会が決定したことに、文科省は口を挟むことはできない」の一点張りで木で鼻をくくるような冷淡な対応に終始した。

文科省の冷淡な対応に憤懣《ふんまん》やるかたない仲里利信県議会議長は「検定結果は、文科省の調査官が日本軍の関与の記述について削除するよう、ある程度の原案をつくってから審議会で議論した。結論ありきで、ある意味で仕組まれたものだと考える。審議会の委員が実際にどのように調査したかもわからない。（文科省が）審議会の名を借りて作られたものは当然撤回できるはずだ」と教科書検定の内幕を分析する。

仲里議長も戦場を体験した一人である。現地の声もろくに聞かないで一方的に歴史的事実を抹殺しようとする政府・文科省に対する批判の眼は厳しい。「検定結果は、死者を冒とくしている。歴史の事実を否定するとまた戦争への道を歩んでしまう。この問題に保守も革新もない。事実は事実として、きちんと意見の通る国でなければならない。一部の人たちが戦争を美化し、歴史の事実を歪曲するということは祖父、父、弟を失った者として決して許すことはできない」(『沖縄タイムス』〇七年七月一〇日付)

沖縄県議会は、「この問題は決議だけに終わらせるわけにはいかない、検定意見撤回まで要請行動を継続する必要がある」という意見でまとまった。次の一手として、文教厚生委員会が渡嘉敷《とかしき》島、座間味《ざまみ》島の「集団自決」の現場を視察し、体験者の証言を聴取した。関係者の証言はいずれも「軍命によって『集団自決』に追い込まれた」ことを裏付けるものばかりだった。

「集団自決」の島を踏査して「軍の関与」に確信を得た文教厚生委員会は、再度の意見書を政府・文科省に送るべく全会一致で意見書案を本会議に送った。七月一〇日に開かれた六月定例会の最終本会議で、県議会は、二度目の「教科書検定に関する意見書」を全会一致で可決した。同一テーマで二度も意見書を出すのは前代未聞のことだった。それ以上にその意見書の内容がまたまれにみる厳しい調子の文章で綴られている。ふつう議会の決議文といえば各党派の対立する意見をすりあわせてあたりさわりのない表現でまとめるものだが、次のように歯に衣をきせない語調で鋭く文科省の姿勢を糾弾しているのは見事というしかない。しかも、文中には今回の検定の裏側でうごめく黒い影の存在を暗示している部分がある。すなわち、目下大阪地方裁判所で係争中の「大江・岩波『集団自決』裁判」と今回の教科書検定が裏でつながっているという疑惑を指摘しているのである。筆者が傍点をふった箇所に注意しながら意見書の本文を読んでいただきたい。

《本県議会は、去る六月二二日に全会一致で教科書検定に関する意見書を可決して関係要路に要請したところであるが、県内四一市町村の議会においても同様に教科書検定意見の撤回と「集団自決」に関する記述の回復等を求める意見書が相次いで可決されたことを踏まえ、去る七月四日に沖縄県、沖縄県議会、市長会、市議会議長会、町村会及び町村議会議長会の代表六名が連携して関係要路に教科書検定問題に関する要請を行った。

これに対し文部科学省は「教育用図書検定調査審議会が決定することであり、理解していただきたい」との回答に終始し、検定意見の撤回と「集団自決」に関する記述の回復を拒否している。

しかしながら、今回の教科書検定に際して、文部科学省はあらかじめ合否の方針や検定意見の内容を取りまとめた上で同審議会に諮問していること、諮問案の取りまとめに当たっては係争中の裁判を理由にし、かつ、一方の当事者の主張のみを取り上げていること、同審議会の検討経緯が明らかにされていないこと、これまでの事例ではほぼ同省の諮問どおりに答申されていることなどを考えた場合、今回の同省の回答は到底容認できるものではない。

また、要請への対応にあたって、本県議会を初め県内四一市町村の議会すべてで意見書が可決され、県民の総意が明らかにされたことに対する重みへの配慮が十分でなかったことはまことに遺憾である。

よって、本県議会は、沖縄戦における「集団自決」が日本軍による関与なしに起こり得なかったことは紛れもない事実であり、沖縄戦の実相を正しく伝えるとともに、平和を希求し、悲惨な戦争を再び起こさないようにするためにも、今回の検定意見が撤回され、同記述の回復が速やかに行われるよう再度要請する。》

以上のような経過で、今回の教科書検定問題は、島ぐるみの歴史歪曲反対運動へと発展しつつあるが、文科省への要請運動をくりかえすうちに、右の意見書でも指摘しているように、この教科書検定意見の背景にひそむ奥の深いミステリーじみた巨大な黒い影がだんだん姿を現してきたのである。

以下に、今回の教科書検定問題の根底にひそむ地下茎をたぐりながら、八二年の「日本軍による沖縄住民虐殺」記述の削除問題や、八四年からはじまる「第三次家永教科書訴訟」、そして現在進行中の「大江・岩波『集団自決』訴訟」の危険な関係を検証していきたい。

教科書検定「住民虐殺」削除問題

なぜ、政府・文科省は、「軍命による集団自決」をめぐってあくまでかたくなに事実を認めようとしないのか。

背景には、従軍慰安婦問題や南京大虐殺、朝鮮半島の植民地支配などと並んで沖縄戦における日本軍の加害行為についても「自虐史観」というレッテルをはって歴史のページから抹殺したいとする一部勢力の思想的・政治的な策動がたえず教科書検定に影をおとしていたのだ。

第一撃が来たのは一九八二（昭和五七）年の夏のことだった。

八二年六月には前年度の教科書検定の結果が明らかになり、日本帝国による中国侵略や朝鮮の植民地支配、南京大虐殺などについての従来の記述を削除したり、本質をぼかした表現に変えさせられた経緯が大きな社会問題として表面化した。七月には中国政府と韓国政府が正式に日本政府に抗議の声明をだし、歴史認識をめぐる問題は外交問題にまで発展した。

沖縄戦の記述についても問題が発覚した。最初に報道したのは六月二六日付の本土紙であったが、現地では七月四日付の『沖縄タイムス』が一面トップで「『日本軍による住民殺害』高校教科書から全面削除」と報じたので大騒ぎになった。

沖縄戦における住民虐殺の記述は、従来の教科書にあった記述が削除されたのではない。これまでの歴史教科書ではせいぜい「ひめゆり部隊の悲劇」や「学童疎開船対馬丸の遭難」ぐらいでしか沖縄戦の悲劇は説明されていなかったのだ。復帰後、県史や市町村史や研究書で沖縄戦の全体像がしだいに浮き彫りになるにつれて、沖縄戦の象徴的な悲劇として「日本軍による住民虐殺」がようやく教科書にも反映されようというその第一歩であったのだ。

一九八三年度から使用される実教出版発行の高校用『日本史』の記述が、教科書検定にひっかかった。執筆担当は日本近現代史研究者の江口圭一愛知大教授。原稿本（白表紙本）では次のような記述になっていた。

「六月までつづいた戦闘で、戦闘員約一〇万人、民間人約二〇万人が死んだ。鉄血勤皇隊・ひめゆり隊などに編成された少年少女も犠牲となった。また、戦闘のじゃまになるなどの理由で、約八〇〇人の沖縄県民が日本軍の手で殺害された」

この部分が文部省の検定で、「数字に根拠がない」という理由で書き換えを指示された。出版社と執筆者は仕方なく文章を修正して再提出した。これも通らなかった。修正文は三回も突っ返され、四回目にようやく検定をパスした。

「六月までつづいた戦闘で、軍人・軍属約九万四千人（うち沖縄出身者約二万八千人）、戦闘に協力した住民（鉄血勤皇隊・ひめゆり部隊などに編成された少年少女を含む）約五万五千人が死亡したほか、戦闘にまきこまれた一般住民約三万九千人が犠牲になった。県民の死亡総数は県人口の約二〇％に達する」

ごらんの通り、初稿（白表紙本）にはあった「約八〇〇人の沖縄県民が日本軍の手で殺害された」という記述が、「八〇〇人」という数字にクレームをつけたあげくに肝心の本体まですっぽり抹消されてしまったのである。何度も書き直されてやっと通過した文章はさながら数字の羅列である。しかもその数字がかなり怪しいときている。沖縄戦の戦没者の数字は沖縄県当局でもまだ正確には把握されてない状況だから怪しくて当然である。数字にうるさいはずの検定調査官もそういう事情を知らなかったのだろうか。要するに数字の問題ではなく、日本軍の犯罪行為を教科書から消してしまいたかったからにほかならないのだろう。かわいそうなのはこんな無味乾燥な文章を読まされる子どもたちである。

以上のような経過が日々のニュースによって明らかになるにつれて県民の怒りはみるみる高まってきた。私自身にとっても他人《ひと》ごとではなかった。文部省の言い分によると、「住民虐殺の数字に根拠がない。…（根拠資料となった）『沖縄県史』は体験談を集めたもので研究書ではない」との理由を指摘したという。当時、私は『沖縄県史』を編集している沖縄史料編集所の主任専門員であり、根拠資料の一冊としてあげられた『沖縄県史10巻・沖縄戦記録②』は私の担当で七四年に刊行したものだった。『沖縄戦記録①、②』の二巻は沖縄全域から体験者の証言を記録して集成したもので、日本兵による住民虐殺やスパイ狩り、壕追い出し、食糧強奪などの残虐行為も被害者や目撃者の口から生々しく語られている。

これまで沈黙していた多くの戦場体験者が重い口を開いて実相を語ったおかげで、従来の日米両軍の公式戦史をベースにして語られてきた殉国美談や戦場哀話の影にかくされていた残酷で醜い戦場の実相が、白日のもとにさらされたのであった。琉球政府も日本政府も沖縄住民の被害については一度も総合調査を行ったことがないので、二〇〇〇ページをこえる証言記録は貴重な基礎資料になるはずである。内容も、単なる体験談集ではなく各地域ごとの客観的状況について研究者や関係者が解説を書いているところに特徴がある。それが研究書であるかどうかは別として、あたかも沖縄住民虐殺事件そのものの存在を否定するかのような検定意見に納得がいかないのは執筆者や出版社だけでなく、一〇〇万県民がアバサー（ハリセンボン）のように怒りの針を逆立ててふくれあがったのも当然であった。

県内二大紙の『沖縄タイムス』と『琉球新報』には連日のように日本兵の残虐行為に関する記事や論説や投書がひしめき、論議は日ごとにエスカレートしていった。虐殺事件の目撃者や関係者が次々と名乗りをあげ、県史にも記録されなかった新事実が次々に明るみに出された。

日本兵に家族を殺害されたある男性は、「戦争中の忌まわしいできごとなので、今まで誰にも話すまいと黙り通してきたが、事実をヤミに葬ろうとする文部省の態度にがまんができないのであえて証言します」と語って、はじめて新聞に真相を打ち明けた。

地元二紙は競って企画特集を連載した。『琉球新報』が「沖縄戦と継承」、『沖縄タイムス』が「平和への検証」、どちらも沖縄戦における日本軍による住民虐殺の事実関係を発掘し、事件の本質と背景を検証する大がかりな特集で、五〇回から六〇回におよぶ長期連載になったから、「連日のように」といっても誇張ではなかったのである。

各方面で教科書記述の回復を要請する運動がいっせいに動き出した。教育団体、婦人団体、青年団体、学者文化人の団体が抗議集会、シンポジウム、一〇万人署名運動などを展開し、九月中旬には関係八団体が「民主教育をすすめる県民会議」を結成、県民大会を主催したあとに文部省への要請団を次々と送り出した。

島ぐるみ運動にまで発展した県民世論におされて沖縄県議会も臨時議会をひらいて「教科書検定に関する意見書」を全会一致で可決した。

意見書の特徴は、この教科書検定問題を沖縄だけの問題とせず、中国や朝鮮など近隣諸国の歴史問題と関連させて広い視野から問題の本質をとらえている点である。

《教科書は、教科の主たる教材として重要な役割をはたしており、人間の尊厳、平和、民主主義を基調とする憲法や教育基本法の理念に立つものでなければならない。

文部省は、歴史教科書の検定で、中国への「侵略」を『進出』と書きかえさせ、朝鮮の「三・

一独立運動」を「暴動」に改めさせたが、中国や韓国をはじめ東南アジア諸国からも歴史の改ざんであるとして抗議の声が高まり、外交問題にまで発展している。

また、沖縄戦での日本軍による県民殺害の記述も、検定の過程において「数字に根拠がない」、「県史は体験談を集めたもので研究書ではない」などの理由をあげて修正削除させている。

県民殺害は否定することのできない厳然たる事実であり、特に過ぐる大戦で国内唯一の地上戦を体験し、一般住民を含む多くの尊い生命を失い、筆舌に尽くしがたい犠牲を強いられた県民にとって、歴史的事実である県民殺害の記述が削除されることはとうてい容認しがたいことである。

よって本県議会は、沖縄戦の体験を正しく伝え、悲惨な戦争を再び起こさないようにするためにも、同記述の回復が速やかに行われるよう強く要請する》

県議会意見書は八二年九月四日の本会議で可決されたが、県民運動は燎原の火のように燃え広がり、九月一四日には那覇市与儀《よぎ》公園で「住民虐殺記述削除に抗議し、よい教科書を求める県民集会」（主催・民主教育をすすめる県民会議）を開催、教職員を中心とした婦人団体、青年団体の八〇〇〇人がデモ行進をして気勢をあげた。一六日には一〇万人署名をたずさえて東京行動団一六人が上京、小川文部大臣に直接要請を行った。

ところが、一二月の定例県議会で西銘《にしめ》順治知事が「歴史的事実は事実として記載すべきだと思う。ただ、友軍によって住民が虐殺されたことについて私は知らない。教育効果の点から考えて、日本人同士のことなので書くことは問題じゃないのかと思っている」と答弁したことで、また問題が再燃した。野党側は「知事の発言は県議会意見書を無視し県民の総意に背をむけるものだ」と反発し、知事発言の撤回を求めて審議を拒否し、議会が空転するという騒ぎになった。西銘知事の本音は「八七年の海邦国体に天皇を招いて沖縄の戦後を終わらせたい。そのためには自衛隊によって国体を支えてもらわなければならないが、教科書に住民虐殺が書かれては好ましくない」というものだったのだろう。

住民虐殺の記述復活を
全国初 県議会で意見書採択
米軍ヘリ事故抗議も
7日上京 文相、防衛庁へ渡す
新報 82・9・4

県議会の意見書採択を伝える『琉球新報』
1982年９月４日付

知事発言に対して県内外から抗議の声が殺到した。発言撤回を求める署名もたちまち三万人を超えた。西銘知事は結局、先の発言を事実上撤回することで幕を引いた。

「沖縄戦の真実を抹殺するな！」の合唱は様々な方面に波紋を広げていった。

たとえば、その一つの現れが「ひめゆり平和祈念資料館」の建設運動に見られた。「ひめゆり」といえば全国的に沖縄戦の悲劇の象徴として映画でも出版物でもくりかえし描かれ、南部戦跡観光コースのガイドさんは、ひめゆりの塔の前で〝殉国哀話〟を語っていた。ところが、当のひめゆり学徒隊の生存者たちはほとんど人前で体験を語ったことはなかったし、慰霊の日に一部の人たちが慰霊祭に参列する以外には南部戦跡に足を向けようとする者はなかったのだ。戦場の実相は思い出すだけで頭がおかしくなりそうな恐ろしい地獄の記憶だったからだ。

しかし、「教科書から沖縄戦の真実が消された」という衝撃は彼女たちにふんぎりをつけさせた。「いま自分たちが真実を語らなければひめゆりの塔も殉国美談、愛国心教育のシンボルにされてしまう」という切実な思いが彼女たちを資料館建設運動へ立ち上がらせた。資料館の展示にひめゆりの実像を反映させるためには生存者たちが苦痛をこらえてめいめいの体験を告白しなければならない。一〇〇名近い学徒生存者が録音機に向かってそれぞれの体験談を語りだしたのはちょうど戦後四〇年目のことだった。生存者の一人、宮城喜久子さんが私たちを案内してはじめて荒崎海岸の「集団自決」の地を踏んだのもそのころだった。

八二年教科書検定問題は沖縄戦の住民虐殺だけでなく中国、韓国との歴史認識の問題とも関連して外交問題に発展していたが、日本政府は八月になって「政府の責任において是正する」と声明を発表し、文部省も従来の検定方針を変更して、「教科書検定基準にアジア諸国の近代史の記述に国際理解と国際協調の見地から必要な配慮をする」という「近隣諸国条項」が設けられることになった。沖縄戦についても森喜朗文部大臣が国会答弁で「県民感情に配慮する」と答弁したことから、住民虐殺の削除撤回と記述回復の沖縄の要請は事実上認められることになった。

八三年五月、前年の検定結果をうけて「住民虐殺を沖縄戦の特徴として積極的に取り上げたい」という執筆者や出版社が続々と出てきた。中学校歴史教科書を出版する七社のうち四社で「住民虐殺」が採用され、「日本軍が、県民に集団自決を強要したり、軍のさまたげとなるとして、県民を殺害したりする事件もおき、多くの犠牲者を出した」（『新しい社会・改訂歴史』東京書籍）などの記述がはじめて教科書に載るようになったのである。

「住民虐殺」から「集団自決」へ

ところが「住民虐殺」の記述が実現して喜んだのもつかの間、次の教科書検定で、文部省は修正意見という名の新たな攻撃を執筆者と出版社に加えてきたことが明らかになった。

家永三郎元東京教育大学教授が執筆した高校教科書『新日本史』の中に「多数の県民老若男女が戦火の中で非業の死をとげた」という記述があったが、前年度の検定結果をふまえて、「そのなかには日本軍のために殺された人も少なくなかった」という一句を書き加えて部分改訂の申請を行ったところ、「住民虐殺よりも集団自決の方が犠牲者数が多いのだから、まず集団自決を優先して先に書かなければならない。集団自決を書き加えなければ改訂は許さない」という意味の修正意見が返ってきた。これに対し家永氏は、相手側の意図を、「自決」というあたかも自発的意志によると誤解されかねない言葉を先に書かせることで、日本軍の非人間的な行為（虐殺）を少しでもやわらげようとの政治的意図から出たものと考えて拒否した。しかし「集団自決」を書かなければ合格させないという検定意見の壁にはいかんともしがたく、「日本軍のために殺された人も少なくなかった」をぜひとも入れたいという基本目的を達するためにやむなく、「集団自決に追いやられたりするなど、非業の死をとげたが、中には日本軍に殺された人も少なくなかった」と書き改めなければならなかった。

こうした強権によって加筆をさせるような教科書検定が違憲違法であることを立証するために、家永氏は翌八四年一月に国を相手取って第三次教科書訴訟を提訴した。

文部省が「集団自決」にこだわるのは、戦場の住民犠牲の実態をふまえたうえでの配慮というわけではなかった。実は文部省が教科書に書いてもらいたかったのは、軍隊史観にたった「集団自決」の賛美だったのだ。

防衛庁版戦史の『沖縄方面陸軍作戦』（防衛庁防衛研修所戦史室著・一九六八年）は慶良間《けらま》諸島の「集団自決」について次のように書いている。

「この集団自決は、当時の国民が一億総特攻の気持ちにあふれ、非戦闘員といえども敵に降伏することを潔しとしない風潮がきわめて強かったことがその根本的理由であろう。前述のように小学生、婦人までもが戦闘に協力し、軍と一体となって父祖の地を守ろうとし、戦闘に寄与できない者は小離島のため避難する場所もなく、戦闘員の煩累《はんるい》を絶つため崇高な犠牲的精神により自らの生命を絶つ者も生じた」

一見すると、「崇高なる犠牲的精神」などの美辞麗句に目を奪われて、沖縄住民の立場にも配慮がなされているように思われがちだが、よく考えてみるとこの文章は阿鼻《あび》叫喚《きょうかん》の現実の様相を、殉国美談に脚色することによって巧妙に軍（部隊）の関与と責任を免責にする筆法なのだ。「敵に降伏することを潔しとしない風潮」云々も、武士道精神や「刀の文化」の伝統をもたない沖縄では一般に「潔さ」という道徳観念は乏しい。

戦前の沖縄連隊区司令官の報告書にも、沖縄人の県民性として、皇室尊崇と国体観念が乏しく、古来任侠の伝統がなく、惰弱で団結犠牲の美風に乏し、などと酷評される土地柄なのである。仮に、〝一億玉砕〟とか〝火の玉特攻〟などと勇ましいかけ声をあげる者がいたとしても軍隊教育や高等教育の洗礼をうけた一部の地方エリートたちのことであって、一般の老幼婦女子までが一億特攻の犠牲精神にあふれていたなどと持ち上げるのは、大本営報道部が戦意高揚と真相隠蔽のために、「玉砕」とか「散華《さんげ》」とか「英霊」などの美辞麗句を新聞やラジオから垂れ流したプロパガンダの修辞法と同類のものである。

『レイテ戦記』全三巻を執念深く書き上げた作家の大岡昇平氏は、この大著に取り組んだ動機として、「すべて大東亜戦について、旧軍人の書いた戦史及び回想は、このように作為を加えられたものであることを忘れてはならない。それは旧軍人の恥を、個人的プライドを傷つけないように配慮された歴史である。さらに戦後二五年、現代日本の軍国主義への傾斜によって、味つけされている」と述べている。防衛庁版戦史をすべて否定するわけではないが、軍隊中心の戦闘記録をうのみにしては、事実歪曲の落とし穴に陥る危険性があるという警告には耳をかたむける必要があるだろう。

家永教科書裁判第三次訴訟における最大の争点になったのは、「集団自決とはなにか」という根本的な歴史的認識をめぐる論争であった。八八年二月には沖縄で東京地裁の出張法廷が開かれ、沖縄側から金城重明沖縄キリスト教短大教授、大田昌秀琉大教授、安仁屋《あにや》政昭沖国大教授、山川宗秀普天間高校教諭の四人が証人に立った。さらに、九一年一〇月の東京高裁の控訴審には、石原昌家沖国大教授も証人として出廷した。「集団自決」の体験者である金城教授をはじめ沖縄戦研究者と平和教育実践者の証言は、「集団自決」ばかりか沖縄戦の全体像を生々しく浮き彫りにするものであった。

教科書検定を行った文部省側の言い分は、「(執筆者は) 住民虐殺ばかり強調して、なぜ崇高な犠牲的精神の発露である集団自決を軽視するのか」というもので、先に紹介した「防衛庁版沖縄戦史」の「崇高な犠牲的精神による自発的な自決」を強調することによって、住民虐殺のイメージを希薄化し、日本軍の責任を回避しようとする意図がありありと見えた。俗にいう「江戸の敵《かたき》を長崎で討つ」のたとえである。

原告側の証人に立った五人の証人はおおよそ次のように反論した。

「集団自決というのは日本軍の圧倒的な力による強制と誘導によって起きた肉親同士の集団的殺し合いであり、言葉の本来の意味において集団自決はなかった。いわゆる集団自決は軍から強制された集団死であって、本質的には住民虐殺と異なることはない。したがって、家永氏が沖縄戦の住民犠牲のもっとも象徴的なできごととして書いた『日本軍のために殺された人も少なくなかった』の中にいわゆる『集団自決』も含まれているのであるから、文部省側が強く要求する『集団自決』を強調した記述は必要としない」

また、法廷では「集団自決」という言葉の定義についても論及された。沖縄の証人たちは次のような意見をのべた。

①自決というのは旧軍兵士の特異な戦場死を表す言葉であり、民間人にはなじまない。

②自決の原因には「追い込まれた死」があり、言葉本来の意味での「国に殉ずる崇高な死」という意味は限りなく薄い。

③死をめぐる態様の中で、年端もいかない子どもが自決することはあり得ない。

実際、文部省側がよりどころにしている「防衛庁版沖縄戦史」の解釈と、沖縄で一般に通用している言葉のイメージとは明らかに乖離《かいり》しているのである。いわば同床異夢で同じ用語を用いていることになる。

沖縄でもこの用語をめぐっては議論がある。実際に戦場で耳にしたのは「玉砕」という軍人用語であった。戦争末期になって大本営発表などで「全滅」にかわる美称語としてラジオから流されたものであった。戦後、「集団自決」は沖縄だけでなくサイパン、フィリピン、旧満州などの住民犠牲にも使われるようになって、戦後処理の行政用語としても定着するようになる。しかし、この用語の定義はあいまいで、さきの防衛庁版戦史にあるように、自らの自発性によって行われた、という意味で使用されると、少なくとも沖縄戦の場合には実態とかけはなれた用語であることは明らかである。

『自決と玉砕』（双柿舎・一九八四年）の編著者である安田武氏は、「玉砕」には二種類あって、一方に「軍人の勝算なき無謀な集団死」があり、他方にサイパン島や沖縄に見られるような「強制された集団死」があったと分析している。要するに「自発的」であったか「強制的」であったかが分岐点になるという考え方である。

軍人の場合の「玉砕」は、侵略戦争におもむく帝国軍人の具体的な行動規範として昭和一六年に東條英機陸相の発意で定められた『戦陣訓』の「生きて虜囚《りょしゅう》の辱《はずかし》めを受けず、死して罪禍の汚名を残すこと勿《なか》れ」の一節が、現実の戦場行動を規制した結果であったろう。また、この『戦陣訓』には「軍機を守るに細心なれ。諜者《ちょうじゃ》は常に身辺に在り」という防諜対策が示されているが、これが牛島満軍司令官が着任した時に沖縄守備軍（第三二軍）の将兵に下した訓辞に「防諜ニ厳ニ注意スヘシ」の一条が含まれる源泉になり、やがて沖縄守備軍の防諜対策が沖縄戦における住民虐殺や「集団自決」の強要につながっていくのである。

右のような事情から「集団自決」の用語を再検討しようという意見もあるが、現実には行政用語として使用され、マスコミや一般市民の生活用語として定着した言葉は一朝にして変えることは容易ではない。現状は、玉砕、集団自決、集団死、強制集団死、強制的集団自殺、集団的強制死など様々な用例が混在している状態なので、私は便宜的にカッコ付きの「集団自決」か、さらにマルカッコを加えた「集団自決」（強制集団死）という形で表記することにしている。

家永教科書第三次訴訟は最高裁まで争われたが、九七年の最高裁判決で、沖縄戦については、「地上戦に巻き込まれた沖縄県民の悲惨な実態を教えるためには軍による住民虐殺とともに集団自決を記載することが必要であり、違法とはいえない」という判決が出て幕を閉じた。「集団自決」に関する部分を違憲とする訴えは通らなかったわけだが、しかし判決文の内容では「集団自決」の真実を浮き彫りにするうえで大きな成果があった。

最高裁判決は、「集団自決の原因については、集団的狂気、極端な皇民化教育、日本軍の存在とその誘導、守備隊の隊長命令、鬼畜米英への恐怖心、軍の住民に対する防諜対策、沖縄の共同体のあり方など様々な要因が指摘され、戦闘員の煩累《はんるい》を絶つための崇高な犠牲的精神によるものと美化するのはあたらないとするのが一般的であった、というのである」「集団自決と呼ばれる事象についてはこれまで様々な要因が指摘され、これを一律に集団自決と表現したり美化したりすることは適切でないとの指摘もあることは原審の認定するところである」と沖縄側の証人の主張を認めているのである。

これ以後、「集団自決」が日本軍によって強制されたものであることは研究者の間でも定説となり、多くの教科書にもそのように書かれてきたのであった。

大江・岩波「集団自決」訴訟の背景

沖縄県民が戦場体験の真実と教訓を正しく後世に継承していこうと年月かけて一歩一歩あゆんでいこうとするとき、これとはまったく逆行する反動的な動きがわれわれの眼前に現れてきた。

第一波は、自由主義史観研究会（代表・藤岡信勝拓殖大教授）の「沖縄プロジェクト」と称するキャンペーンだった。二〇〇五年五月、自由主義史観研究会が主催する「沖縄戦慰霊と検証の旅」

と称する三日間の駆け足ツアーが来沖、慶良間《けらま》諸島に直行しただけでトンボ帰りで引き揚げて行った。慰霊の旅だけならそれでいいのだろうが、驚いたことに、六月四日に彼らは東京都内で「緊急集会・沖縄戦集団自決の真相を知ろう」という集まりを開いた。研究集会と称する集まりでは藤岡代表が現地調査報告として「今回の調査で『軍命による集団自決』が虚構である証拠をつかめたが、現実の教科書に軍命説がいまだに書かれている現状を改めなければならない」と述べ、集会は最後に、①文科省に教科書検定方針をあらため「集団自決強要」の記述を削除する指導を求める、②教科書会社やその他の出版社に、教科書や教師用指導書、副読本などから記述削除を求める、という決議を行った。正味二日足らずの駆け足旅行でここまで広言するのだから研究者とも思えない乱暴な話だが、「沖縄プロジェクト」はさらにエスカレートして、文部科学省、教科書会社、出版社に教科書記述の訂正を申し入れ、『沖縄集団自決事件六〇年目の真実』と題したパンフレットを発行するなど、同会の主張を社会的に普及させる運動を展開する計画だという。

要するに、はじめから「集団自決強要は虚構」という架空の結論を設定して、文科省や教科書会社にこの主張を押しつけるために「沖縄調査旅行」とか「緊急研究集会」などといったパフォーマンスが必要だったというわけだ。

なぜ彼らがそこまで「集団自決」にこだわるのか、不思議といえば不思議だが、藤岡代表が「新しい歴史教科書をつくる会」の副会長も務めていること（当時）、彼が同会の機関誌に書いた次の文章を読めばどのような思想の持ち主であるか了解されるであろう。

「社会科や歴史の教科書には、過去の日本を糾弾するために、一面的な史実を誇張したり、そもそも事実でないことを取り上げて、歴史を学ぶ児童生徒に自国の先人に対する失望を抱かせたり、『日本人に生まれてこなければよかった』という絶望感をもたらせたりする傾向がしばしば見受けられる。……『沖縄集団自決事件』の真相を明らかにし、広く社会に訴える」

言わんとするところは、教科書から過去の侵略戦争の史実を抹殺し、旧日本軍の戦争犯罪を帳消しにして名誉回復をはかり、軍国賛美の教育を復活させよう、といいたいのであろう。そういう思想的立場の人々が紋切り型で唱えるのが「自虐史観からの脱却」である。そして、同じく「自虐史観からの脱却」をとなえるもう一つのグループが次の幕に登場するのである。あとで詳しく述べる、大江・岩波「集団自決」訴訟の弁護団の一人、徳永信一弁護士が寄稿した雑誌『正論』の論文（後述）の末尾にも次のような叙述が見られる。

「この沖縄集団自決冤罪訴訟を通じて、両隊長の名誉回復を要求するだろう。まさしく、それは、戦後の日本を覆ってきた虚偽の仮面を剥ぎ取り、今なお日本人の魂に眠る武士道精神を呼び起こすルネッサンスの魁《さきがけ》となるはずである」（『正論』二〇〇六年九月号）

右の言説に対して今ここで詳しくコメントする余裕はないので、とりあえず、よく知られた警句を引用して仮止めとしておこう。

「後になって過去を変えたり、起こらなかったことにするわけにはまいりません。しかし過去に目を閉ざす者は結局のところ現在にも盲目となります。非人間的な行為を心に刻もうとしない者は、またそうした危険に陥りやすいのです」（ヴァイツゼッカー西ドイツ大統領演説『荒れ野の40年』岩波ブックレット）

この演説が行われた一九八五年、ドイツでも「アウシュヴィッツなどの大量殺戮は虚偽である」との一部極右の主張が横行していたが、大統領は戦後四〇年を記念して連邦議会でこの歴史的な大演説を行い、国内外のナチス・ドイツの犠牲者に対して徹底した謝罪を行い、謝罪と和解という常道で近隣諸国との平和外交を推し進めて今日のＥＵ統合への道を固めたのだった。

さて、「集団自決」問題はさらに次のステージに進むことになる。今回の教科書検定問題と地下茎でつながった論戦が法廷にもちこまれたのだ。

二〇〇五年八月、大阪地裁で「大江・岩波『集団自決』訴訟」が起こされた。さきに紹介した沖縄県議会の「教科書検定に関する意見書」（〇七年七月一一日付）の文中に、「諮問案の取りまとめに当たっては係争中の裁判を理由にし、かつ、一方の当事者の主張のみを取り上げている」という指摘がそれである。

まず、「大江・岩波『集団自決』訴訟」について説明しておこう。

原告は沖縄戦のとき慶良間諸島の座間味島の戦隊長であった梅澤裕元少佐と、同じく渡嘉敷島の戦隊長であった故赤松嘉次元大尉の実弟赤松秀一氏の二名で、作家の大江健三郎氏と出版社の岩波書店を名誉毀損で訴えたのだった。

原告側の訴状によれば、「被告大江健三郎が著した『沖縄ノート』を含む被告岩波書店発行の書籍は、沖縄戦の中、慶良間列島において行われた住民の集団自決が、原告梅澤裕元少佐あるいは原告赤松嘉次元大尉の命令によるものだという虚偽の事実を摘示することにより原告らの名誉を含む人格権を侵害したものである。よって、原告らは、被害の回復と拡大を防止するため、それらの出版停止、謝罪広告及び慰謝料の支払いを求めるものである」というもので、原告側の言い分を一言に縮めれば、「両隊長は集団自決の命令を出していない」というのである。なぜ今ごろ、旧帝国軍人の個人的な名誉問題が法廷に持ち出されるのか不審に思われるかもしれないが、この訴訟の背景には大きな黒い影が動いていたのだ。

〇五年一〇月二八日に第一回口頭弁論がはじまると、法廷にはいわゆる「靖国訴訟」や「百人斬り訴訟」などにかかわってきた徳永信一弁護士などの弁護団と「沖縄集団自決冤罪訴訟を支援する会」が姿を現し、暗黙のうちにこの裁判の性格を暗示していた。同「支援する会」は、自由主義史観研究会や昭和史研究所、靖国応援団、新しい歴史教科書をつくる会大阪などの団体で構成されており「靖国応援団」の延長とみてよい。

中心メンバーはすでに紹介した「自由主義史観研究会」や「新しい歴史教科書をつくる会」の藤岡信勝氏である。同氏が歴史修正主義・軍国主義賛美の思想的立場から文科省や教科書出版社に圧力をかける団体のリーダーであることは周知の事実である。

今回の裁判闘争で彼らが「軍命による集団自決」という記述をヤリ玉にあげるのは、「軍命」という歴史事実を抹殺することによって、旧日本軍の戦争責任を免罪し旧日本軍の名誉回復をはかり、愛国心教育にじゃまになる軍国日本の侵略戦争の歴史を修正する必要があったからにほかならない。

また、具体的なターゲットとして大江健三郎氏を選んだのも、大江氏が戦後民主主義の旗手として、あるいは憲法九条擁護の国民的運動の先頭に立っているからにほかならない。今回の訴訟の意味について、被告にされた岩波書店の岡本厚編集局副部長は次のようにコメントしている。

「訴訟の目的は、日本軍が住民に残虐行為を働いたとか、住民を守らなかったとする沖縄戦の認識を転換させようとする、歴史修正主義からの政治的キャンペーンだととらえている。その意味で、一出版社の裁判ではなく、戦後の戦争観や平和観が問われる裁判だと思う」

訴訟はまだ係争中であり、第三者の立場から法廷内での論争に細かく立ち入ってコメントするのは適当ではないと思っていたが、しかし、かく言う私自身がこの忌まわしい訴訟問題に巻き込まれることになったのだから驚くほかなかった。まさに寝耳に水のできごとだったが、降りかかる火の粉はふり払わなければならない。

縮めて言えば、私がむかし書いた文章が原告側に勝手に利用され、筆者の論旨とは正反対の意味に歪曲されて法廷に提出されたのである。しかも引用のやり方は都合のいい部分だけを断片的に切り取って、筆者の論旨や真意は無視するといった、歪曲、隠蔽《いんぺい》、矮小化、はてはねつ造された談話記事まで含む欺瞞《ぎまん》にみちた手法がとられている。私は、被告側の弁護団から聞かされてはじめてこのことを知って驚いた次第だが、原告側からはまったく挨拶も断りも内容の確認もなかったのである。本人がまったく知らないところで原告側の都合のいいように文章を利用するというのは、常識からしてまったくおかしな話である。おそらく本人に知られてはまずい事情があったとしか考えられない。

被告弁護団から送られてきた〇六年三月二四日付の「原告準備書面」のコピーを読んでみると、A４判五六ページ中に私の名前が五回も出てくる。しかも、すべて「自決命令不在説」を立証する証拠資料として提出されている。事情を知らない人が読めば、私が原告側の主張を支持しているかのような誤解を与えかねない。私はいずれ法廷に意見書を提出して身に降りかかった火の粉を払おうと考えていた。

雑誌『正論』徳永論文への抗議

ところが、さらに驚くべきことが起こった。前にも触れたが、『正論』二〇〇六年九月号に原告弁護団の徳永信一弁護士が「沖縄集団自決冤罪《えんざい》訴訟が光をあてた日本人の真実」のタイトルで、はじまったばかりの訴訟について原告側の意見書どおりの主張を一方的に一五ページにわたって書きつらねているのである。もちろん「集団自決冤罪訴訟」といった名称は原告側の応援団がかってにつけた呼称である。

『正論』の徳永論文のなかでも、私の名前が使われ、しかも意見書よりもさらに誇大化して私自身が「自決命令はなかった」ことを立証したかのように歪めている。ここまで露骨にマスメディアを利用した政治キャンペーンをやられては、裁判の経過を冷静に見守ろうといった悠長な態度は許されない。黙っておれば徳永論文が一人歩きして逆に法廷論争に影響をおよぼしかねない危険な動きであった。

私は沖縄平和ネットワークの仲間たちと相談して対応策を考えた。平和ネットワークでは〇五年一〇月の第一二回定期総会で「集団死・『集団自決』調査研究プロジェクト」を立ち上げていた。大江・岩波訴訟がはじまったことを受けて、独自に資料収集を行い、学習会を重ねていた。平和ネットワークは主に若い会員が平和ガイド活動と調査・研究・学習活動を両輪にして日常活動を続けている市民平和団体だが、若い会員たちが過去の「住民虐殺」削除問題や家永教科書訴訟などの県民運動の経験と教訓を継承していくためにも「集団自決」問題は重要なテーマであった。このプロジェクト・チームが今回の教科書検定問題や大江・岩波訴訟に対しても重要な役割を果たすことになる。

〇六年一〇月、平和ネットワークが世話役になって、原告側の意見書で名指しされた安仁屋《あにや》政昭さん、宮城晴美さん、そして私の三名が緊急記者会見を開いて『正論』掲載の徳永論文に対する反論と抗議の声明を発表し、徳永氏と『正論』編集部へ送付した。

声明文は「集団自決」訴訟の経緯に対する沖縄現地の声を要約していると思われるので、その全文を紹介しておきたい。

《雑誌『正論』による沖縄戦の真実をゆがめる記述に抗議する

産経新聞社が発行する雑誌『正論』二〇〇六年九月号に「沖縄集団自決冤罪訴訟が光をあてた日本人の真実」という論文が発表された。この訴訟は、昨年八月五日に大阪地方裁判所に提訴され、現在係争中であるが、同訴訟の原告ら弁護団員の徳永信一氏が訴訟における原告側の主張をそのまま展開したものである。

この裁判の原告は、沖縄戦当時に座間味島の隊長であった梅澤裕氏と渡嘉敷島の隊長・故赤松嘉次氏の弟赤松秀一氏であり、被告は（株）岩波書店と『沖縄ノート』の著者である大江健三郎氏である。原告らは「隊長の命令はなかった」と主張し、（株）岩波書店発行の『沖縄ノート』『太平洋戦争』『沖縄問題二十年』の虚偽の記述によって名誉を傷つけられたとして、被告らに対し、出版停止・謝罪広告及び慰謝料を求めた訴訟である（但し、九月一日に『沖縄問題二十年』については訴えを取り下げた）。更に昨年の提訴と同時に「沖縄集団自決冤罪訴訟を支援する会」が結成され「梅澤、赤松両氏の名誉を回復するだけでなく、日本の名誉を守り、子供たちを自虐的歴史認識から解放して、事実に基づく健全な国民の常識を取り戻す国民運動にしなければならない」という目的を果たすべく法廷を利用したプロパガンダを展開し、今回の雑誌『正論』に発表された徳永信一氏の論文はその一環として出されたものである。これは同時に、沖縄戦の体験を持つ県民に対する挑戦ともいえよう。

私たちがこの論文について看過できないと考えたのは、第一に軍隊によって強制された集団死について、原告らと「沖縄集団自決冤罪訴訟を支援する会」が、この裁判をとおして「愛国心のために、自ら命を断った」として世間一般に流布するという目的にある。また彼らは、沖縄戦研究者の書籍や論文の中から自らに都合のいい文言だけを抜き出して沖縄戦研究者も原告の主張を認めている、という印象を与えるために、沖縄戦研究者の名前を利用している点である。

彼らは、裁判官に「軍命がなかった」という事実認定をさせることによって、沖縄戦の真実を歪め、研究者が長年積み重ねてきた沖縄戦研究の成果を抜本的に変質させる意図のもとになされたものとして、私たちは看過することはできない。

沖縄戦の真実は、戦場化した沖縄を軍が統制し、軍と共に行動しその命令に従わざるをえなかった住民が、軍によって食糧強奪や壕追出しをさせられる中で恐怖と飢えに追い込まれ、あるいはスパイ嫌疑によって殺害され、また死を強要される等、数多くの悲惨な犠牲を生み出したというものである。この真実をねじ曲げるということは、沖縄県民に向けられた攻撃ともいえよう。

私たちは、沖縄戦の真実をねじ曲げる目的で書かれたこの雑誌『正論』の論文に対して、沖縄戦研究者として、また沖縄県民として到底容認することはできず、厳重に抗議する。今後、新聞紙上等において、それぞれ詳細な主張を行い、できうるならば裁判所に対しても反論の意見書を書証として提出する決意である。

以上、共同して意見表明とする。

二〇〇六年一〇月一七日

安仁屋政昭　大城将保　宮城晴美》

以上が抗議声明の全文であるが、末尾で予告した新聞紙上等での反論、裁判所に対する意見書の提出は三名ともすでに済ませている。しかし、私の場合は、歪曲引用の部分がかなりの箇所にわたるため、新聞紙上の限られたスペースでは十分書き込むことができなかったので、ここで原告側の意見書と『正論』誌上に論述された誤りをただしておきたい。

彼らの歪曲論文が独り歩きしてあとあと「集団自決」の真実が歪められ歴史教科書などに誤った記述が出現することを危惧すること、また、原告側の意見書に記述された論理がいかに事実の歪曲とペテン（詐術）によって構成されているかを明らかにしておきたいからである。

座間味村の「集団自決」

まず、雑誌『正論』の徳永論文は「昭和六一年、沖縄県教育委員会は、梅澤氏がまとめた手記「戦闘記録」を『沖縄県史料編集所紀要第11号』に掲載し、これをもって《梅澤命令説》を記載していた『沖縄県史10巻』の訂正に代えることとし、大城主任専門員は、『現在宮城初枝氏は真相は梅澤氏の手記の通りであると言明して居る』と書き添えた」と書いているが、この記述がいかにでたらめであるかを証明したい。

私は右に出てくる『沖縄史料編集所紀要11号』と『沖縄県史10巻・沖縄戦記録②』の問題になっている二つの解説文を書いた本人である。二つの解説文の関係をわかりやすくするために、まず

『沖縄県史10巻・沖縄戦記録②』の中の「座間味村」の解説を読んでいただきたい。

『沖縄県史10巻・沖縄戦記録②』（沖縄県教育委員会・一九七四年）は沖縄本島北部と離島を対象とした沖縄戦体験の記録で、体験者の証言記録（聞き書き）を集成したものだが、それぞれの地域の客観的な状況を概観した「解説」がついている。解説の執筆者は原則として調査・記録の担当者が分担した。私も同巻の編集担当の立場にありながらいくつかの地域の解説を分担した。私が執筆を担当した「慶良間諸島・座間味島」の解説記事は「大江・岩波『集団自決』裁判」の内容とも密接な関連があり、また米軍が沖縄上陸作戦の第一歩をしるした重要な場面でもあるので少し長くなるが主要部分を引用させていただきたい。

《【座間味島】

昭和一九年九月一〇日、日本軍がはじめてこの島に進駐してきた。梅澤少佐（隊長）の率いる挺進隊と基地守備隊約一五〇〇名の大部隊であった。

一一日から揚陸作業が始まった。揚荷の中に、長さ五、六メートル、重さ約一トン、自動車エンジンを付けた木造合板製の特攻艇一〇〇隻が含まれていた。いわゆるマルレと呼ばれる艇である。この艇は乗員一名で操縦し、後部に爆雷二個を搭載し、敵艦船の船体近くに投下して爆発させるよう設備されたものである。

慶良間諸島はじめ沖縄各地に配備された特攻艇マルレ

部隊は民家に分宿し、九月二二日から陣地構築に取りかかった。

住民には連日重労働が課せられた。男たちは壕掘り作業、小学生は薪取り作業、残る人たちは食糧増産に従事させられた。沖縄戦必至を予想して食糧は自給自足のたてまえだった。二隻のカツオ船はすでに乗組員ごと徴用されて本島にまわされていたが、あらたに一五トンの船が部隊の補給用にあてられた。

こうして、島中が総動員されて特攻基地の設営が急ピッチで進められていた。

一〇月一〇日の空襲で沖縄本島との連絡船鹿島丸が撃沈され、これ以後島外からの物資の補給は困難になった。ただでさえ作物の乏しい島に五〇〇〇名近くの軍民がひしめき、その食糧を自給していかなければならなくなったのである。一〇月末から食糧事情はとみに深刻になり、各戸の家畜、畑作物はすべて軍の厳しい統制下におかれ、配給制がしかれた。年が明けて、部隊上陸以来陣地構築と漁撈《ぎょろう》班に従事していた一六歳から五〇歳までの男子は正式に防衛隊に編入された。同時に女子青年三〇名は部隊の炊事班、将校集会所の経理室などに配属され、赤い星印の腕章が渡された。

一月二二日、この年第一回目の空襲を受けた。港内停泊中の軍用船五、六隻が撃沈された。梅澤隊長は「男女青年団並びに国民学校高等科児童に食糧増産の耕作を命ずる」と通達してきた。持久戦への態勢づくりであった。

一月一六日、陣地構築がほぼ完成するころ、基地守備隊は急に沖縄本島に移動することになった。かわりに、朝鮮人軍夫約四〇〇名が水上勤務部隊（水勤隊）として配置された。この部隊はもともと戦力を伴わない補助部隊であり、島はほとんど無防備のまま人口過密となった。そのころから食糧は底をつき、米の配給はとだえ、ソテツとわずかばかりの芋、それに野草を集めて食べるしかないありさまだった。

三月二三日、米機動部隊が来襲した。列島の上空を無数のグラマン戦闘機が乱舞し、島々の部落はもちろん、山中までしらみつぶしに機銃掃射が浴びせられた。住民はふいをつかれて混乱状態となり、山の中に逃げこむのがせいいっぱいだった。地上の友軍陣地からは何らの反撃もみられなかった。座間味部落は全焼し、住民二三名が戦死した。

三月二四日、早朝からふたたび爆撃がはじまった。空襲は日の暮れるまで続いた。夕刻から艦砲射撃が加わった。人々は各自山すそに掘ってあった壕の中で不安な一夜をすごした。

二五日は、未明から空襲が激しく、正午ごろから艦砲射撃が始まった。午後四時ごろ、海峡に敵艦隊がゆうゆうと侵入してきた。島の周囲には無数の艦艇群が包囲隊形でひしめいていた。その日は、夜に入っても照明弾がひっきりなしに打ちあげられ、艦砲弾が島のいたるところで炸裂した。午後一〇時ごろ、梅澤隊長から軍命がもたらされた。「住民は男女を問わず軍の戦闘に協力し老人子どもは村の忠魂碑《ちゅうこんひ》前に集合、玉砕すべし」というものだった。

役場の書記が、この命令を各壕を回って伝えた。島の老幼婦女子は、その夜、晴れ着をつけて忠魂碑前におもむいた。ところが、梅澤部隊長が現場に現れないうちに、艦砲弾が忠魂碑に命中し炸裂した。この衝撃で集まった人々は混乱状態におちいり、めいめいの壕へ四散していった。そして、各壕内で、家族ぐるみ、カミソリ、手榴弾、こん棒などで互いに命を断ち合った。

座間味島の集団自決は激しい砲爆撃のもとで各家族ばらばらに行われたので実数を確認することはむつかしい。一説に三九〇余名ともいわれているが、現在確認できるのは三〇〇名弱である。いずれにしても、渡嘉敷島におとらぬ規模の集団自決が発生したことは事実である。しかも、ここでは、部隊長から自決命令が出されたことが多くの証言からほぼ確認できるのである。

戦隊は上陸前の準備射撃で一〇〇隻の特攻艇を一艇の出撃もできぬままにすべてうしなってしまった。隊員四〇〇名は番所山の陣地に退いて陸戦に移ったが、武器はわずかに機関銃三、軽機関銃十数、兵員の三分の二に小銃があてがわれるだけだった。

米軍は二六日午前九時ごろ座間味部落の正面に上陸してきた。日本軍は数度にわたって斬込みを敢行したが各隊とも全滅に近い損害を受け、さほどの戦果はなかった。これ以後、部隊は崩壊してゲリラ化していくが、小さい島に住民と将兵がひしめいて、食糧事情は極度に悪化した。山中に避難していた住民は、米軍の宣伝放送に応じて四月初旬ごろから漸次山を降りはじめた。

【阿嘉島・慶留間島】

阿嘉島《あか》は米軍の沖縄上陸作戦で第一歩をしるした島であり、また、最もおそくまで戦争状態が続いた島でもあった。米軍が猛烈な艦砲射撃の援護のもとに水陸両用戦車で阿嘉部落の正面に上陸してきたのが三月二六日午前八時ごろ、そして島にたてこもる日本軍が正式に降伏書に調印したのが八月二二日のことであった。その間およそ五カ月、そのほとんどは食糧をめぐる軍民の凄惨なせめぎ合いと、飢餓と熱病とのたたかいに費やされたといっても過言ではない。

この島での戦争体験は様々な意味で沖縄戦の縮図ということができる。狭小な島嶼《とうしょ》に将兵七〇〇名が配置され、圧倒的な敵艦隊に包囲され、糧秣と情報のとだえた状況下では、様々な悲劇がくりひろげられた。無謀な斬込み戦、住民に対する戦闘協力の強要、食糧統制、軍による処刑・虐待、逃亡、略奪、デマ宣伝、朝鮮人に対する虐待、そしてついには非戦闘員の集団自決へ追い込まれていく。結果的に阿嘉島では集団自決には至らなかった。それはあくまで偶然に手榴弾が不発であったというだけで、住民の心理状態からすれば自決は自明の予定行動であったことがわかる。それに比べて、慶留間《げるま》では五三名の自決者を出している。（以下略）》

記述をめぐる歪曲と偽造の手法

『沖縄県史10巻・沖縄戦記録②』の解説は、多くの先行する戦史や記録などを踏まえて書いたものだが、とくに隊長命令説の部分は、座間味村の公式文書ともいうべき『座間味戦記』と、体験者の宮城初枝さんの手記「血ぬられた座間味・沖縄緒戦死闘の体験手記」（後掲）から引用したもので、「午後一〇時頃梅澤部隊長から次の軍命令がもたらされました。『住民は男女を問わず軍の戦闘に協力し、老人子供は村の忠魂碑前に集合、玉砕すべし』。命令を受けた住民の該当者たちは、指定の場所へ集まってきます」という記述を踏まえたものである。

ところが、右のような記述に異議申し立てをしてきた人物が現れた。

一九八五年秋ごろのことである。私が勤務していた県立沖縄史料編集所に梅澤裕氏の代理人と称する本土在住の県出身者T氏が来訪した。彼は、昭和六〇年七月三〇日付『神戸新聞』の記事のコピーを示して、「梅澤隊長から軍命がもたらされた」との記述は間違っているので訂正せよ、という趣旨の申し入れをした。史料編集所の所員会議で検討したところ、当事者の一方である梅澤氏本人からの異議申し立てがあるのであれば、史実を解明する史料として梅澤氏本人の手記を『沖縄史料編集所紀要』に掲載の場を提供してもよいという結論となった。T氏の仲介を断わり、梅澤氏と直接交渉することにして、私が担当者として梅澤氏と手紙や電話で連絡をとり、県史の訂正はできないが、『紀要』に元隊長としての手記を掲載して意見を述べることはできるということで合意した。

梅澤氏から提供された「隊長手記」は前半の「戦闘記録」の部分と後半の「戦後の苦悩」に分かれているが、後半は軍隊をはなれた戦後の個人的な記事や主観的な主張が多すぎるので、本人と手紙や電話で調整して、後半部分は割愛して前半の掲載部分の末尾に梅澤氏本人が結論を要約して加筆することで了解を得た。

すなわち、「手記『戦斗記録』(梅澤裕)」の末尾の「……以上により座間味島の『軍命による集団自決』の通説は村当局が厚生省に対する援護申請の為作成した「座間味戦記」及び宮城初枝氏の「血ぬられた座間味島の手記」諸説の根源となって居ることがわかる。現在宮城初枝氏は真相は梅澤氏の手記の通りであると言明して居る。(戦記終わり)」という部分が手記の結論として梅澤氏が付け加えた文言である。

私自身の認識や見解は『紀要』の冒頭「〝隊長命令説〟について」と題して、手記掲載の経緯を解説した部分だけである。強いて私の解説の結論といえば次の部分にあたるだろう。

「……そこで、問題になるのは、村当局と軍との間に集団自決についての事前の通達、ないし協議がなかったかどうか、ということである。この点について筆者は梅澤氏に電話で質問したのであるが、『そういうことはなかった』と否定した。ただし、軍には他に勤務隊、整備隊等の集団があって、もし、事前協議等があったとすれば他部隊の可能性も否定できないが、集団自決が村当局の自発的な方針によるものか、あるいは何らかの形で軍の意向がはたらいていたのか、村三役以下役場幹部のことごとくが組合壕で自決を遂げた後となっては、その真相を確かめるのは容易でない」（この引用部分は後で再度ふれる）

なぜ、私がこの部分にこだわるかといえば、『正論』掲載の徳永論文ではこの部分をねじ曲げて、「大城主任専門員は、『現在宮城初枝氏は真相は梅澤氏の手記の通りであると言明している』と書き添えた」と、あたかも私自身が宮城初枝さんから聞いて書いた文章のようにすり替えているからである。うっかり読むとごまかされてしまう手品のような手口である。

徳永論文はまた、大江健三郎氏の『沖縄ノート』を批判するくだりで、「……『ある神話の背景』から三三年、『沖縄県史』の訂正から二〇年、…」といった調子で、あたかも県史が訂正され、あたかも周知の事実であるかのごとく軽いタッチで書き流している。「県史は改訂されたのにあなたの本はなぜ訂正しないのか」と聞かれたら、誰しも一瞬困惑するだろう。事情を知らぬ人が読んだらうっかり鵜呑みにしてしまいそうな心理的効果をねらった文章としかいいようがない。

言うまでもないことだが、『沖縄県史』で「集団自決」の事実関係を訂正したり削除したことは一度たりともない。『沖縄県史』は八九年一〇月に国書刊行会から復刻版が発行されているが、もちろん「隊長命令」の記述はそのままだ。また、さきに紹介したように座間味島の「集団自決」の解説文を書いたのはこの私であり、署名入りの解説記事であるから、私が書き直さなければ訂正も削除もできるはずがないし、現在でも訂正しようというつもりはまったくない。次に述べるように、訂正する理由がまったくないからである。

また、『沖縄史料編集所紀要』には梅澤氏の手記を掲載したが、『紀要』の役割は様々な論説を発表して学術論争の場を提供することであって、一個人の手記がそのまま県史の記述の修正につながるものでないことは常識の範囲内である。

大江・岩波「集団自決」訴訟の原告側は、「隊長命令はなかった」ことを証明する最大の根拠として、宮城晴美著『母の遺したもの――沖縄・座間味島「集団自決」の新しい証言』の中の「母・宮城初枝の手記」をあげている。この手記の中で、故人の宮城初枝さんは、以前に自分が書いた「隊長命令」のくだりを訂正して、『史料編集所紀要』に掲載された梅澤裕氏が手記で主張したことを認めている、という論旨である。

はたしてそうだろうか。事実を検証するために両者の手記を読み比べてみよう（傍点、筆者）。

❶梅澤裕「手記『戦斗記録』（『沖縄史料編集所紀要11号』（一九八六年）

「二十五日夜二十二頃戦備に忙殺されて居た本部壕へ村の幹部が来訪して来た。助役宮里盛秀氏、収入役宮平恵正次郎氏、校長玉城政助氏、吏員宮平恵達氏及び女子青年団長宮平初枝さん（現在宮城姓）の五名。

その用件は次の通りであった。

1．いよいよ最後の時が来た。お別れの挨拶を申し上げます。

2．老幼婦女子は予ての決心の通り軍の足手纏いにならぬ様、又食糧を残す為自決します。

3．就きましては一思いに死ねる様、村民一同忠魂碑前に集合するから中で爆薬を破裂させて下さい。それが駄目なら手榴弾を下さい。役場に小銃が少しあるから実弾を下さい。以上聞き届けて下さい。

私は愕然とした。今時この島の人々は戦国落城にも似た心底であったか。

私は答えた。

1．決して自決するでない。軍は陸戦の止むなきに至った。我々は持久戦により持ちこたえる。村民も壕を掘り食糧を運んであるではないか。壕や勝手知った山林で生き延びて下さい。共にがんばりましょう。

2．弾薬は渡せない。

しかし、彼等は三十分程も動かず懇願し私はホトホト困った。折しも艦砲射撃が再開し忠魂碑近くに落下したので彼らは急いで帰っていった」

❷宮城初枝「血ぬられた座間味島・沖縄緒戦死闘の体験手記」『沖縄敗戦秘録・悲劇の座間味島』（下谷修久編・一九六八年）

「（三月二五日）午後十時頃梅澤部隊長から次の軍命令がもたらされました。『住民は男女を問わず軍の戦闘に協力し、老人子供は村の忠魂碑前に集合、玉砕すべし』命令を受けた住民の該当者たちは、指定の場所に集まってきます」

❸宮城晴美『母の遺したもの』（高文研・二〇〇〇年）所収の故宮城初枝氏手記

「助役は隊長に、『もはや最期の時が来ました。私たちも精根をつくして軍に協力致します。それで若者たちは軍に協力させ、老人と子どもたちは軍の足手まといにならぬよう、忠魂碑の前で玉砕させようと思いますので弾薬をください』と申し出ました。／私はこれを聞いた時、ほんとに息もつまらんばかりに驚きました。重苦しい沈黙がしばらく続きました。隊長もまた片ひざを立て、垂直に立てた軍刀で体を支えるかのように、つかの部分に手を組んでアゴをのせたまま、じーっと目を閉じたっきりでした。（略）やがて沈黙は破れました。／隊長は沈痛な面持ちで『今晩は一応お帰りください。お帰りください』と、私たちの申し出を断ったのです。私たちもしかたなくそこを引きあげて来ました」

傍点部分を比較してみれば一目瞭然である。

故宮城初枝さんは、②『血ぬられた座間味島』では座間味村の公文書をふまえて、「午後一〇時頃梅澤部隊長から次の軍命令がもたらされました。『住民は男女を問わず軍の戦闘に協力し、老人子供は村の忠魂碑前に集合、玉砕すべし』」と書いたものの、実際にはその場で自分が直接聞いたわけではないので、晩年になって真実を手記に書き残して娘の宮城晴美さんに託したものである。

同じ場面を梅澤氏は簡単明瞭に「決して自決するではない」と書いているが、宮城さんの手記には、ただ、ながい沈黙の後に「今晩は一応お帰りください」としか書かれてない。梅澤氏が実際に「決して自決するでない」と発言していたとしたら、最も肝心なこのキーワードを宮城さんが聞かないはずはないし、忘れるはずもないし、書かないはずもない。

詳細は法廷で争われるであろうが、『沖縄県史』や『紀要』に解説文を書いた立場から言わせてもらえば、もしあの時、梅澤隊長が本当に「決して自決をしてはならない」と明言しておれば、村役場の幹部をはじめとする村民があれほど大規模な「集団自決」に追い込まれることはなかっただろう、というのが実感である。現在の梅澤氏は、「集団自決」を命令したのは村役場の助役であって私は止めようとしたのだと弁明していい子になろうとしているが、戦闘中の最高指揮官にあるまじき無責任な発言としか思えない。

梅澤氏の主張をくつがえすもう一つ重要な傍証が宮城初枝さんの手記には書かれている。

「私の手元には、手榴弾が一個あります。番所山で弾薬箱を受け取って出発する間際に、木崎軍曹から、『途中で万一のことがあった場合は、日本女性として立派な死に方をしなさい』と手渡されたものでした」とある。梅澤氏はテレビなどで、「私の部下で死になさいと命令した者は一人もいない」と言い切ったが、この軍曹の行いをなんと説明するのだろうか。初枝さんたちは、この直後に軍曹からもらった手榴弾で自爆を決行するが、弾が不発だったおかげで奇跡的に生き残ったのだった。

さきに紹介した『史料編集所紀要第11号』はさらに奇怪な〝事件〟にまきこまれた。

沖縄平和ネットワークの「集団自決」プロジェクト・チームが収集した資料の中に、原告側が証拠として提出した『神戸新聞』(一九八六年六月六日付)の新聞記事コピーがあった。「米軍上陸。座間味村集団自決/「沖縄県史」訂正へ/部隊長の「玉砕命令」なかった/長かった戦後の苦悩」という大きな見出しと梅澤氏の顔写真と『紀要』の写真が並んでいる。さらに驚いたことに、「自主的自決は早計/大城将保・沖縄県資料編集所(現県立図書館資料編集室)主任専門員の話」という見出しで私の談話記事が出ている。

「宮城初枝さんから何度か、話を聞いているが、『隊長命令説』はなかったというのが真相のようだ。といって軍隊には勤務隊や警備隊もあったわけだから、集団自決が即、村役場幹部らがリーダーシップをとった自主的なものと決めつけるのは早計だ。新沖縄県史の編集がこれから始まるが、この中で梅澤命令説については訂正することになるだろう」

信じがたいことだが、この談話記事はすべてでっちあげなのである。私は『神戸新聞』からインタビューを受けたこともないし、掲載紙が私や史料編集所へ送られてきた形跡も全くないし、最近までこのような記事の存在さえ知らなかった。念のために複数の当時の同僚にも確かめてみたが誰も知らないという返答だった。さらに念を入れて、当時の日記（ダイヤリー）や取材ノートなども調べてみたが、梅澤氏との手紙や電話でのやりとりや、『紀要』を発送した日にちなどははっきりメモに残っているが、『神戸新聞』の取材については全く記述がない（掲載紙さえ送ってこないのだから当然である）。

この記事のコピーは家永教科書裁判でも文部省側から証拠資料として提出されていたことを、〇六年九月の沖縄平和ネットワークのプロジェクト・チームの勉強会ではじめて知らされて驚いたものである。家永裁判では、私は個人的な事情があって支援運動にもほとんど参加できなかったので、この記事のことも知るよしもなかった。要するに、すべて私の知らないところで事は秘密裡に運ばれていたのである。

同紙の談話記事の内容についても、多くの誤りと矛盾があることを指摘しておかなければならない。

まず、「宮城初枝さんから何度か、話を聞いているが、『隊長命令説』はなかったというのが真相のようだ」と私が語ったかのように書いてあるが、私は宮城さんからそんな話を聞いたこともないし、そもそも取材を受けたこともない新聞にそんな談話が語れるはずもない。

『神戸新聞』の大城談話なるものは、続けて、「新沖縄県史の編集がこれから始まるが、この中で梅澤命令説については訂正することになるだろう」と話したかのように書かれているが、私の口からこんなでたらめな話がでることは絶対にないと断言してよい。そもそもこの時期は『沖縄県史料』シリーズがはじまったばかりで、編集所の内外で「新沖縄県史」などという名称は聞いたこともない。「新沖縄県史編集基本計画」ができるのは二〇年後のことだから混同するはずもない。また、編集所の一専門員の立場で、「訂正することになるだろう」などと軽々しく言える問題でもない。要するに、『神戸新聞』の談話記事は、内容自体つじつまが合わないし、でっちあげ記事であることは明らかである。

今回の裁判で原告側が提出した神戸新聞の記者の陳述書には、「取材メモは残ってないが電話取材を行ったのは事実だ。その証拠に、軍隊には勤務隊や整備隊もあったわけだから、集団自決が即、村役場幹部らがリーダーシップをとった自主的なものと決めつけるのは早計だ、という大城の言い分も、真意を正確に表現するために載せた」と言い訳している。話者しか知り得ないような内容だから一見もっともらしい弁解ではある。しかし、この手品にはタネがある。さきに引用した『紀要』の中で私が書いた「〝隊長命令説〟について」の解説の中にある「軍には他に勤務隊、整備隊等の集団があって」云々がそれで、要するに『紀要』の私の文章を読めば本人から電話取材などしなくて書けるような内容しか書いてないのである。語るに落ちるとはこのことであろう。

また、原告側はこの捏造《ねつぞう》記事について、「ことは沖縄の歴史にかかわる重大事である。もし記事が捏造ならば、大城ないし沖縄史料編集所から抗議がないということはありえない」と、私や編集所がこの記事を黙認したかのように抗弁している。これこそ苦し紛れの逆立ちした論理である。私や同僚がもしあの時点でこの記事を目にしていたならば当然抗議なり訂正要求なりをしたはずである。ところが、なぜか神戸新聞社は掲載紙を本人にも編集所にも送ってはこなかったのである。沖縄では同紙はめったに入手できない新聞である。ふつうならば送ってくれるのが常識というものであろう。常識では考えられないことがこの記事の背景にひそんでいるのであろうか。なぜこのような〝大事な記事〟を載せた掲載紙を送ってこなかったのか、いまもって理解に苦しむ。

木を見て森を見ず

さらに、拙著『沖縄戦を考える』（ひるぎ社・一九八三年）が原告側に利用された問題がある。『正論』の徳永論文の中に次のような一節がある。

「『ある神話の背景』を発表して以後、曾野氏は沖縄ジャーナリズムから激しいバッシングを受けたという。しかし、沖縄県史を編集した沖縄史料編集所の大城将保元主任専門員は、『沖縄戦を考える』の中でこうのべる。

〈曾野綾子氏は、それまで流布してきた赤松事件の神話に対して初めて怜悧《れいり》な資料批判を加えて従来の説をくつがえした。『鉄の暴風』や『戦闘概要』などの記述の誤記や矛盾点などを丹念に指摘し、赤松元隊長以下元隊員たちの証言をつきあわせて、自決命令はなかったこと、集団自決の実態がかなり誇大化されている点などを立証した。この事実関係については今のところ曾野説をくつがえすだけの反証はできていない〉」

いま読み返すと『ある神話の背景』に随分と甘い点数をつけたものだと我ながら恥ずかしくなるが、しかし右に引用された文章を評価する場合は、当時の沖縄戦研究をめぐる状況を考慮に入れていただく必要がある。

『沖縄戦を考える』は新書版シリーズの一冊であって、右の文章には、実はもとになる論文がある。同書の巻末の参考文献一覧に示してあるように、『青い海』（七七年五月号）に掲載された「慶良間島の惨劇」がそれである。この文章を書いた一九七七年は復帰後五年、『ある神話の背景』が発行されて四年後、『沖縄県史10巻・沖縄戦記録②』が刊行されてから三年という時期である。沖縄戦に関する記録・調査・研究に立って、「慶良間島の惨劇」の文中で私はこう書いている。

「慶良間の戦争体験の全体像をつかむうえで、また、集団自決という世にも凄惨な事件の本質に迫るうえで、従来の記録類は質量ともに不十分と言わざるをえない。従来の記録が、事実関係のうえで多くの誤りを含んでいることは曾野綾子氏の『ある神話の背景』で指摘されたところである。同書が発行されたのが今からちょうど四年まえ、その後の四年間に、はたしてどれほどの事実究明がなされ、従来の「神話」の修正がなされただろうか」

じっさい私自身、『沖縄県史10巻・沖縄戦記録②』の編集を終えて三年たっていたが、調べれば調べるほどいまだ道遠しという感は深まるばかりで、県史の沖縄戦関係二巻で終わらせることに不満が残っていたのである。こうした自省と不満と使命感から、『沖縄県史』の調査・記録にたずさわった研究者たちはこの大事業の延長として各市町村史の調査・執筆に関わるようになって、やがて『座間味村史』（一九八九年）や『渡嘉敷村史』（資料編・一九八七年　通史編・一九九〇年）につながっていくのである。

『青い海』並びに『沖縄戦を考える』の私の文章は、なにも『ある神話の背景』の書評として書いたものではない。文章はさきの「事実関係の究明の弱さ」を反省したうえで、さらに本題にはいって重要な問題提起に進むのである。具体的には、七七年三月から平和祈念資料館展示計画委員会が行った二次にわたる座間味島総合調査のレポートが続くのである。そして総合調査の成果を三点にしぼって総括している。

第一、「新事実」が次々と浮かびあがってきたこと。

第二、集団自決事件の周辺の事柄、事件前後の住民の動向、軍と民との関係、食糧問題、朝鮮人軍夫、防衛隊、村役場の役割等々の詳細な資料が集まったこと。

第三、現場検証と聞き取りとデータの検討会から座間味村の戦争体験の全体像が浮かび上がってきて、集団自決事件もその全体の構図の中に位置づけてトータルに把握できたことである（むろん真相解明というわけではない）。

とくに第三の点が重要な意味をもっているので、その具体的例を引用しておく。

「従来、座間味島は渡嘉敷島とは対照的に、軍民の関係は友好的で摩擦が少なかったといわれてきた。（略）そこで、はたして座間味では渡嘉敷のような住民虐殺（処刑）やスパイ嫌疑事件や食糧問題などは起こらなかったのだろうかという疑問が起こる。実は、今回の調査で、座間味での住民虐殺事件、隊員の処刑、スパイ嫌疑事件などが初めて明らかになったのである」

こうして、軍民混在の島に共通した構造的な問題が浮き彫りにされてきたのである。慶良間諸島の「集団自決」問題を考えるとき、構造的に表裏一体の関係として浮かび上がってくる「日本軍による住民虐殺」事件を無視して真相にアプローチすることはできない。この観点を抜かして、ある特定の時と場所で隊長が自決命令を出したかどうか、住民虐殺に陸軍刑法が適用できるかどうか、などといった些末《さまつ》な論議は、木を見て森を見ず、一部否定による全面否定の陥穽《かんせい》にはまってしまう危険性がある。

私がさきに『ある神話の背景』を評して、「事実関係については今のところ曾野説をくつがえすだけの反証はできていない」と述べたのは、曾野氏が一つ一つ指摘する個々の事実関係については今のところいちいち反証は難しい、ということを言いたかったのであって、総体として曾野説を私が支持したわけではない。私はこのレポートの中で次のように曾野氏の赤松擁護論に反駁しているのである。

「ただし、この点での曾野氏の赤松擁護論はあまりに形式論理に走りすぎたきらいがないでもない。軍法会議の場ならともかく、犠牲者たる島の住民に向かって、自分は軍の秩序に従ったまでのことであり、『住民のことは眼中になかった』のも当然だとして免罪を主張できるものだろうか。軍当局に責任があると認めるのなら、まさに赤松隊長は住民に対して責任を負わねばならない。なぜなら、当時の島の住民にとっては、赤松隊長こそが軍当局であり、皇軍の体現者だったのだから」

軍命による手榴弾配布

渡嘉敷島の赤松事件に関連して明らかにしておかねばならないことがまだあるので「慶良間島の惨劇」からもう一箇所だけ引用しておきたい。

「一九七〇年三月、赤松元隊長の責任追及問題が起こった。渡嘉敷村の慰霊祭に参列するために来沖した赤松氏に対し沖縄の平和団体や労働組合が抗議行動を行ったのである。それまで渡嘉敷島の集団自決事件は赤松隊長の命令によるというのが通説になっていた。この問題をきっかけに、曾野綾子氏が『ある神話の背景』を公にした。曾野氏の主張するところはおよそ二つある。一つは、実証的に赤松命令説をくつがえしたことであり、もう一つは、住民処刑などの他の事件に関する赤松元隊長の責任について弁護した点である。赤松弁護論はさらに二つの柱からなっている。一つは、法的にみて当時の状況下で赤松隊長のとった措置は正当性を失わないこと、また一つは、人間のモラルの問題としてみるなら神ならぬ人間が他人の良心の問題を裁くことができるだろうか、という根本的な問題に言及している。

この曾野氏の論理に対し岡本恵徳《けいとく》氏と星雅彦氏が新聞紙上に反論を書いている。両氏とも曾野氏が立証した事実関係（赤松命令不在説）はほぼ認めながらも、後者の責任論について、部隊の責任者であった赤松氏の責任はなお免罪にはならないと反駁している」

以上が一九七七年当時の状況であったのだ。事実関係の追求においては曾野氏が先行したのだからどうしても一歩を譲らざるをえないところがあったが、慶良間諸島における住民犠牲の実相と全体像の把握という点では岡本氏も星氏も決して曾野氏に屈したわけではない。むしろ、その後に続く市町村史や平和団体などの沖縄戦体験記録や戦跡調査保存運動や平和ガイド活動に広い視野と指針を与えたという点で大きな功績を残したということができる。

渡嘉敷島の「集団自決」慰霊碑

当時からはや三〇年が経過した。その間には市町村史、一フィート運動、平和祈念資料館、沖縄平和ネットワーク、そしてマスコミなどの努力もあって沖縄戦の真実を掘り起こす運動はめざましく進歩した。「集団自決」だけみても読谷村《よみたん》のチビチリガマや伊江島の数カ所の〝自決壕〟、ひめゆり学徒隊、渡嘉敷、座間味の「集団自決」の体験者の手記が出版されたのは戦後四〇年以降のことである。

地獄の戦場から〝偶然〟にも生き長らえてきた人々は心の深いところに人には語れない傷を抱えている。その痛みをこらえて他人に戦場の実相を語るには四〇年も五〇年も待たなければならなかったのである。『ある神話の背景』に現地側から十分な反証が出せなかったのは無理からぬことだったのだ。

たしかに、三〇年ほど前までは、渡嘉敷村では集団自決の証言がなかなか得られないと嘆いたものだった。しかしその後、村史の体験記録の事業がはじまり、村民もだんだん真相を語るようになってきた。そして決定的な証言者が現れた。

一九八八年六月一六日付『朝日新聞』(夕刊)は、「軍の自決命令／私は聞いた……／渡嘉敷島の「住民集団死」／呼集し手榴弾配る／当時の役場兵事主任ら証言」という見出しで次のように報じている。

「沖縄戦初頭に沖縄の離島、渡嘉敷島で、住民三百余人が『集団自決』した。これが日本軍に強制された死だったのか、文字通りの「自発的な死」だったのか。沖縄戦の歴史的評価に深く関わるとされながら、今ひとつ決め手の証拠を欠くまま論争が繰り返されてきた。が、最近になって、当時、渡嘉敷村役場で兵事主任を務め、『集団自決』の際に生き残った人が『日本軍は非戦闘員の住民にも自決命令を出していた』と初めて明らかにし、インタビューに応じてその詳細を証言した」

赤松隊の下士官が島民に二個ずつの手榴弾を配ったうえ、「いいか、敵に遭遇したら、一個で攻撃せよ。捕虜になる恐れがあるときは、残る一個で自決せよ」と命じたというのだ。部隊が厳重に管理している手榴弾を民間人に配るということは明らかに自決命令である。また軍隊の規律や命令系統からして島内の最高指揮官である赤松隊長がこの事実を知らぬはずはない。曾野綾子氏の赤松命令不在説はこれで覆されたといえる。軍隊の命令というのはなにも指揮官自ら号令をかけて実行させるとは限らないのだ。

記事を書いた藪下《やぶした》彰治朗編集委員は、一九八二年に教科書検定「住民虐殺」削除問題が起こったとき、東京から取材にやってきて私といっしょに各地のガマ（洞窟）を歩き回った時からの長い付き合いだった。「集団自決」の惨劇で深い心の傷を負った体験者から真相を聞き取ろうと、数年がかりで島に足をはこんだ末の成果だった。

今回の大江・岩波「集団自決」訴訟で原告側はあいかわらず家永裁判と同じ手口で『ある神話の背景』や『沖縄戦を考える』などの古い文献をもちだして、『正論』のような雑誌や新聞でさかんにプロパガンダを行っているようだが、これを時代錯誤の滑稽な言説ととらえるか、あるいは、もともとマスメディアで、でたらめな言説をふりまくのを目的とした法廷プロパガンダの常套手段だと警戒すべきなのだろうか。

スパイ取り締まりと「集団自決」

大江・岩波「集団自決」訴訟の原告側は、論点を「隊長命令があったのかなかったのか」の一点にしぼるべきだと主張している。これは「一部否定による全面否定」というスリカエ論法で、危険な罠である。

実際、その動きはすでに教科書検定における文部科学省（文科省）の態度にも影響を及ぼしているように見える。文科省が「軍の強制による集団自決」に修正意見をつけて「軍の関与」をもみ消そうとする動きの背景には、原告側の支援団体である「沖縄集団自決冤罪《えんざい》訴訟を支援する会」の影がちらちら見えてきた。文科省が「軍の関与」削除の根拠とした資料リストの中に「集団自決冤罪訴訟」のタイトルがあったという。「冤罪」というのは原告側が勝手に付けた名称であって、中立公正であるべき政府の機関がここまで偏向しているのかと、慄然《りつぜん》とせざるをえない。

それだけにわれわれは、「隊長命令の有無」といった相手側が設定した狭い土俵の上だけで勝負をするのではなく、沖縄戦の本質を象徴する一つの事件として「集団自決」（強制集団死）がなぜ発生したのか、その背景をなす構造的な共通要素は何なのか、検討しなくてはならない。

まず浮かんでくる疑問は、なぜ敵の上陸地点の前面にこれだけ多数の老幼婦女子（非戦闘員）が放置されていたのか、ということである。

沖縄戦は一般住民を根こそぎ動員しての〝軍民一体の戦闘〟だった。沖縄守備（第三二軍）軍は「地方官民をして喜んで軍の作戦に寄与し進んで郷土を防衛する如く指導すべし」という牛島満軍司令官の方針の下に、飛行場や海上特攻基地や陣地壕の工事に国民学校の上級生以上は徴用や勤労奉仕にかりだされ、敵上陸の直前まで作業をさせられた。

政府と県庁はサイパン島の一般住民の悲劇を教訓にして九州、台湾への県外疎開や北部国頭《くにがみ》地区への島内疎開を計画していたが、現地部隊の要請の方が優先されて疎開計画は挫折した。人々は、「敵は水際で撃滅するからあわてて疎開する必要はない」などと豪語する将兵たちの言葉を信じて、上陸直前まで島や村に踏みとどまっていたのである。

結局、米軍上陸時に島々には四十数万人の県民が、一一万人弱の沖縄守備隊とともに閉じこめられることになった。外部からの支援は九州と台湾から飛来してくる航空特攻隊だけであった。孤絶した島内では軍民混在の異常な状態が長く続くことになった。

県民を根こそぎ動員しての献身的な軍への協力が、やがて重大なジレンマをまねくことになる。軍民一体の共同作業の中で住民はいやおうなく部隊の軍事機密にふれることになる。軍機を知りすぎた住民をどうすればよいか。

牛島満軍司令官は、沖縄着任の冒頭の訓辞で「防諜ニ厳ニ注意スベシ」の一条を強調した。防諜とはスパイ取り締まりのことである。各駐屯部隊でも防諜対策を厳重にした。伊江島の飛行場部隊の「陣中日誌」の中に、「諜者《ちょうじゃ》は常に身辺にあり。内地に帰りたりとて寸時も油断すべからず。絶えず北満にありたる心構えに在るべし」という部隊長の訓辞が記されている。

諜者（スパイ）は常に身辺にあり、という文句は『戦陣訓』の「軍機を守るに細心なれ。諜者は常に身辺にあり」から借りたのであろう。『戦陣訓』は日中戦争が泥沼化する中で、時の陸軍大臣東條英機が命じて定めたもので、有名な「生きて虜囚《りょしゅう》の辱《はずかし》めを受けず…」の文言もこの中に含まれている。長期戦になって戦意が低下した軍の規律をひきしめると同時に、抗日ゲリラに手を焼いた侵略軍が中国人民への対策として制定したものである。中国の占領地での経験と教訓が沖縄にも持ち込まれたのである。国内戦を経験したことのない帝国陸軍が、占領地と沖縄県との区別がつかずにジレンマにおちいる姿は渡嘉敷島の赤松隊をみれば明らかである。軍の沖縄県民に対する偏見と警戒心はやがて「沖縄人総スパイ視」の疑心暗鬼を生み、やがて住民虐殺と「集団自決」の強要へとエスカレートする一因となったのである。

一九四五（昭和二〇）年三月下旬、いよいよ米軍が上陸作戦を開始したとき、守備隊の兵力は無力に近く、部隊は住民保護や安全誘導にあたるどころか、老幼婦女子を敵前に放置したまま、まっさきに後方へ後退していった。予想に反して突如目の前に現れた敵上陸部隊をみて、住民が恐怖と混乱におちいったのは言うまでもない。

最前線に放置された住民に逃げ場はない。逃げようにも島の周囲は敵艦隊に包囲されているのだ。〝鉄の暴風〟といわれるほどの激しい砲爆撃の中を家族、親族ごとに右往左往しながら防空壕や洞窟や墓の中に逃げ込むしかなかった。

沖縄住民の敵兵に対する恐怖心は、今日では考えられないほど切迫したものだった。軍と官民が声をそろえて「鬼畜米英」の残酷非道ぶりを宣伝していた。「捕虜になれば男は股ざきにされ、女は強姦されて海に捨てられる」という恐ろしい話を聞かない者はまずいなかっただろう。兵隊たちの話は中国大陸や南方で自分たちがやってきた体験の裏返しだから説得力があった。しかし、この話は兵隊たちの体験談から自然に広がったわけではない。軍民一体の総力戦を想定した沖縄守備軍の住民対策の方針が裏にかくされていたのだ。

一九四四（昭和一九）年一一月に軍司令部が作成した極秘文書「報道宣伝・防諜等ニ関スル県民指導要綱」には、「六十万県民の総蹶起《けっき》を促し以て総力戦態勢への移行を急速に推進し軍官民共生共死の一体化を具現し如何なる難局に遭遇するも毅然《きぜん》として必勝道に邁進《まいしん》するに至らしむ」とある。文面は美しいが実際には県民に対する情報宣伝・防諜対策を進める秘密作戦の計画だったのだ。計画を推進するための秘密連絡網には、軍司令部情報参謀、憲兵隊本部、連隊区司令部、県警防課、県特高課、沖縄新報社、本土新聞・通信社支局、沖縄放送局が含まれている。

秘密組織の表向きの任務は県民に対する報道宣伝と防諜対策となっているが、実際には「防諜対策」すなわち「スパイ狩り」が重点任務であった。

具体的には、①防諜精神の指導啓蒙、②官庁の防諜対策、③軍工事従事者の指導取締、④軍と直接交渉多き外来者の指導、⑤隣組制度による積極防諜、行動不審者の発見と連絡通報、⑥防諜違反者の取り締まりの強化、などが列挙されている。

このような方針が実際に各地域でどのように実行されたかは、国頭《くにがみ》国士隊の秘密文書『秘密戦ニ関スル書類』の中に詳細な記述が見つかったが、ここでは一般住民に対する「鬼畜米英」の恐怖宣伝が計画的、組織的に徹底されていたことを確認しておきたい。

「防諜」とは、敵側に軍の機密情報が流出することを取り締まることである。沖縄守備軍は、知り得た友軍の軍事機密を敵側に通報する者、あるいは道案内などで敵側に協力する者を「間諜」とか「スパイ」ときめつけていた。したがって、老幼婦女子といえども敵の「ホリョ」（捕虜）になれば誰でも「スパイ」の汚名をかぶせて処刑されるおそれがあった。なぜなら根こそぎ動員で軍作業にかり出された住民は、陣地や砲台や武器の性能まですべて知ってしまったからである。

要するに、敵に捕まってはならないのだ。捕虜にならないためには、「生きて虜囚《りよしゆう》の辱《はずかし》めを受けず、死して罪禍《ざいか》の汚名を残す勿《なか》れ」という『戦陣訓』の規律を民間人にも強要することになる。「鬼畜米英」の恐怖を植え付けるのも、生きて虜囚（捕虜）にならないための防諜対策だった。結局、捕虜にならないためには「玉砕」という美名の凄惨な「集団自決」に逃げ道を求めるしか残されてなかったのだ。

米軍の大規模な上陸作戦が行われた慶良間諸島や読谷《よみたん》・北谷《ちゃたん》海岸や伊江島の場合、米軍上陸と同時に敵前に放置され、逃げ道をたたれた地元住民が恐怖と絶望の極点で集団死に追い込まれていくのは、軍の筋書き通りだったのである。

伊江島では、守備隊から防衛隊や警防団などにあらかじめ手榴弾や爆雷（ダイナマイト）、あるいは毒薬などが渡されていて、「いざとなったら潔く自決（もしくは玉砕）するように」と指示されていた。防衛隊の場合は、竹槍持参で召集され、部隊からは手榴弾二個が支給され、「一個は敵に投げる、一個は自決用」と使用法まで指導された例が多い。防衛隊の場合は、部隊が崩壊すると家族のもとに逃げ帰ってきて、支給された手榴弾や爆雷で家族、親族がいっしょに自爆したケースが多い。

いずれにしても、軍から手榴弾や爆雷を渡された時点で、それを「自決命令」と認識したというのが一般的であった。

「集団自決」と「住民虐殺」の相関関係

伊江島の「集団自決」の事例を見てみよう。

伊江島には東洋一といわれた陸軍飛行場の滑走路が三本建設されていたので、米軍の作戦計画ではははじめからターゲットになっていた。伊江島攻撃は四月一三日からはじまった。

伊江島守備隊二五〇〇人と残留村民四〇〇〇人が一体となって約六〇〇〇人の米軍歩兵部隊を迎撃した。周囲二二キロの孤島は一週間の激戦で、全島が炎と流血におおわれた。最後の夜、守備隊長から総攻撃の命令が下された。残存将兵約一六〇名、青年義勇隊、救護班、婦人協力隊の男女も戦闘班に編成され、急造爆雷、手投げ弾、小銃、竹槍などありったけの武器を手にして突撃隊に結集した。救護班の女子青年団員も髪を切って男装となり、婦人協力隊員も幼児をおぶって斬り込みに参加した。女子救護班約一六〇人のうち生存者はわずか九人に過ぎなかった。二三日の総攻撃で伊江島守備隊は全滅。戦死者約四五〇〇名のうち一五〇〇名は伊江島の村民であった。

この激戦の中で「集団自決」と「住民虐殺」が発生した。

アハシャガマ（洞窟壕）には約二〇世帯一二〇人の住民が避難していたが、途中から米軍の掃討隊に追われた村出身の防衛隊員が合流してきた。彼らは守備隊から支給された爆雷をもっていた。洞窟の正面に敵戦車がせまってきてスピーカーで投降を呼びかけてきたとき、奥行き二〇メートルの洞窟内はパニック状態になった。やがて防衛隊が持ち込んできた三個の爆雷を囲んで自爆がはじまった。生存者は二〇人前後しか確認されてない。自爆現場から白数十体の遺骨が掘り出されたのは、一九七一年一二月のことだった。

島の北海岸のサンダタ壕にも五世帯ほどの住民が避難していたが、ダイナマイトで集団自爆した。さらに付近の二つの避難壕でも米軍がガス弾を投下したのがきっかけで、一族五〇人余の人々が爆雷で自爆している。

「集団自決」あるところ「住民虐殺」があるのが通例だが、四月末ごろ、仮収容所に保護されていた五人の男たちが家族や親族を探しに出かけていったがいつまでも帰ってこなかった。しばらくして野ざらしになった五人の遺骸がコージ山でみつかった。五人とも手足を縛られて軍刀で惨殺されていた。状況から判断して、まだ洞窟に隠れている家族に「出てこい、出てこい」と声をかけたところ敗残兵につかまって、スパイ容疑で処刑されたのであろう。

また、ナーラ浜の収容所にいた五〇歳の男も、避難壕の中に「戦争は終わったから出てきなさい」と呼びかけたところを敗残兵に見つかってスパイ容疑で惨殺された。

以上見てきたとおり、一般住民といえども敵のホリョ（捕虜）になることは許されなかった。

久米島の部隊では「捕虜になる者は間諜（スパイ）とみなして処刑する」という意味の警告があらかじめ通達され、実際にスパイ容疑を口実にした虐殺が二〇名におよんでいる。逃げ場のない孤島の避難民にとっては、残酷すぎる軍命だった。「敵のスパイ」という汚名をきせられることは、当時の日本国民として生き恥をさらすような恐怖であった。

また女性の場合は、「敵につかまると男は股裂きにされたり戦車で轢《ひ》き殺され、女は強姦されて海に捨てられたりオモチャにされたりする」といったデマ宣伝を徹底し、恐怖観念を植えつけておいて、「大和撫子《なでしこ》らしく立派に操を守りなさい」と、手榴弾や青酸カリが配られた。

いずれも恐怖による住民支配であった。このような心理的な圧力と誘導・勧奨が多くの人々を「集団自決」へと追い込んだ主な要因になったことは否定できない。したがって、米軍上陸の以前からすでに玉砕（集団自決）方針は徹底されていて、その際になってから部隊の指揮官がわざわざ住民に向かって号令を発する必要はなかったのである。反対に、部隊が駐屯していない離島や山村などでは、米軍上陸のあと早々と村長や区長や校長の指揮の下に白旗を掲げて整然と集団投降した例が多く見られる。

要するに、「集団自決」と「住民虐殺」とは根っこは一つであり、コインの両面なのである。今ごろになって、隊長に責任はなかったと主張して旧日本軍の名誉の回復を図ろうとするのならば、なぜ「住民虐殺」の問題には頬かむりして、「隊長命令のあるなしだけに論点をしぼりたい」などと問題を矮小化するのだろうか。座間味島でも渡嘉敷島でも住民殺害事件は発生したのである。これと「集団自決」とは無関係ではない。隊長の名誉を云々するのであれば、スパイ容疑で殺された罪もない沖縄人の名誉はどうしてくれるのだろうか。

沖縄で戦争体験を学ぶ意味

私が属している沖縄平和ネットワークが二〇〇五年一〇月の総会で、「集団死・『集団自決』調査研究プロジェクト」を立ち上げてこの問題にいちはやく取り組んだ経緯は先に書いたとおりだが、沖縄修学旅行の平和ガイドを日常的な活動としているわれわれが、なぜ、教科書検定問題や大江・岩波「集団自決」訴訟に敏感に反応したかといえば、もう一つの大きな理由として、「住民虐殺」や「集団自決」が日本の平和教育の根本的な問題と深くかかわっているという事情がある。

二〇〇六年に沖縄を訪れた修学旅行生は四二万人、学校数にして約二三〇〇校に達したという。年間観光客総数の約一割を占める数字である。観光立県を標榜する県当局では二〇年以上沖縄修学旅行を続けた学校に感謝状を贈呈したという。

しかし平和学習旅行のお手伝いをしているわれわれとしては、観光産業に寄与しているなどと有頂天になってはおれない。二〇年ほど前、広島、長崎に平和学習で訪れる修学旅行生は各々五〇万人といわれていたが、沖縄もようやくそれに近づいてきたというのが客観的な状況であろう。もちろん四二万人すべてが平和学習を目的にしているわけではないが、平和学習の場として沖縄に寄せる期待と評価が、年々大きくなりつつあることは事実で、それだけわれわれの責任も重くなってきたといわねばならない。

では、なぜ沖縄は平和学習の場として適しているのか。

私は、沖縄がもっている特長をとりあえず「総合性」ととらえてみたい。総合性にもいろいろあって、第一には社会構造の面での総合性があげられる。島が小さいだけに島社会の全体像がコンパクトに把握しやすく、しかもその内容が、①亜熱帯の豊かな自然、②琉球王朝文化の伝統、③沖縄戦の体験、④基地の島の現状、⑤ヨコ型共生社会等々、自然・歴史・社会・平和の各分野で唯一性の高い個性的なコンテンツが多様に織りなされている。つまり総合学習や体験学習に適した土地柄であるということである。

総合性のもうひとつの側面は、戦跡と基地の両面から「戦争」を追体験し、現在から未来におよぶ「平和」の問題を考える生きた教材が豊富に見つかるということである。

嘉手納《かでな》基地には「安保の見える丘」があるし、那覇航空基地には「平和憲法が見える場所」といわれる返還地がある。宜野湾《ぎのわん》市では普天間飛行場のフェンスにクサビを打ち込んだように建てられた佐喜眞《さきま》美術館が、修学旅行のスポットになっている。「基地を歩けば戦跡にぶつかり、戦跡を歩けば基地にぶつかる」と表現する人もいる。「沖縄に立つと日本がよく見える」という人もいる。あるいは、「基地と戦跡の狭間《はざま》で三線《さんしん》をひいてカチャーシーを踊っているのがウチナーンチュ（沖縄人）だ」とマンガ的に解説する人もいる。ようするに雑多な要素を包みこみながら単なる観光地に終わらないで、日本全体の自己認識にかかわる問題を考えさせるフィールドになるということだろう。

かつて平和教育の方法論を議論するとき、「感性的認識から理性的（科学的）認識へ」ということが強調されたことがあった。当時の平和教育が原爆や空襲などの被害体験ばかりを強調するあまり、感性的・主情的な体験談に埋没して侵略戦争の本質や他民族への加害の側面を欠落させせがちな傾向への批判と反省だったかと思われる。

しかし戦争体験者が皆無となった現在の学校においては事情は変化しているように思われる。現代の戦争そのものがハイテク戦争になり、戦争物語がバーチャル化されて流布する時代には、「人間が人間でなくなる」極限状況を感性的に訴えて理解させることがますます困難になりつつある。平和学と平和教育は直接に人間の生き死にの問題を対象とするだけに想像力に頼る比重が大きくなる。想像力は感性的認識力と理性的認識力の総合されたところから生まれてくる。だから理性的認識を軽視するわけではないが、いまはむしろ感性的認識の重要性を強調せざるをえない状況になりつつある。

そんなとき沖縄戦跡でのガマ体験は大きな効果を発揮する。修学旅行の生徒たちに沖縄旅行中に最も印象に残った場所はと問えばおそらく異口同音に「ガマの暗闇体験」と答えるはずである。現在、戦場の跡が最も生々しく残っているのはサンゴ石灰岩地帯の地下に無数に散在するガマ（洞窟）にまさるものはないといっても過言ではないはずである。

しかし、空間的な特徴ばかりではない。総合性の実例をもう一つあげれば、沖縄戦の全体像にふれることによって、戦争体験の三要素である被害体験と加害体験と抵抗体験が統一的に見えてくる、という特長がある。戦争体験を科学的な歴史認識としてきちんと継承していくには、被害体験、加害体験、抵抗体験の三側面からトータルに学習しなければならないということはよく言われてきたことである。しかし実際には、日本の平和教育（平和学習）の問題点として、「被害体験」の部分が圧倒的な比重を占めていて、加害体験や抵抗体験を学ぶ機会が少なすぎるということが指摘されている。加害体験や抵抗体験をもトータルに取り上げようとしても、周辺に子どもたちの感性に訴えるような、具体的な教材や戦跡が見あたらないというのが実情であるようだ。これを補ってくれるのが沖縄戦体験だといわれる。

沖縄戦の場合、被害体験については誰が語っても大きな差異はないだろう。

「平和の礎《いしじ》」に刻銘された二四万人の名前の列が被害の大きさを雄弁に物語っている。戦没者には勝者も敗者もない、すべて戦争の犠牲者である。中でも、米国出身者、日本本土出身者、沖縄出身者とわかれている石碑群を見渡せば、沖縄出身者が四分の三（七五％）を占めていることが一目でわかる。

現代戦においては、戦争の最大の犠牲者は現地の住民であることは共通している。中国戦線でも太平洋、東南アジアでも、最大の犠牲者は非戦闘員である現地の一般住民であったはずである。近くは朝鮮戦争でもベトナム戦争でも、湾岸戦争、アフガン戦争、イラク戦争でも、すべて住民が最大の犠牲を強いられている。沖縄戦もまた例外ではなかったのである。沖縄戦で亡くなった県民は約一五万。当時の県人口約六〇万人の四人に一人、地上戦闘が戦われた沖縄本島と周辺離島に限ると三人に一人が死んだことになる。

だが、「沖縄県民の犠牲」という場合には、数字には現れない暗い内実があった。日本兵によってスパイ容疑で殺害されたり、軍の強制で「集団自決」（強制集団死）に追い込まれたりした体験は、今でも人々の心の奥に深い傷となって残っている。だから、すでに述べたように、「日本軍による沖縄住民虐殺」とか「軍命による集団自決」といった記述を教科書から削除するといった問題が起きると、沖縄県民は県知事も県議会も県内の主要団体が一丸となって抗議行動に立ち上がるというのは、県民のふだんは表に出さない心の傷の深さを物語るものである。

沖縄県民にとって戦場の悲劇の極限は、日本兵から「沖縄人はみんなスパイだ」とか「友軍が負けたのは沖縄人がスパイを働いたからだ」という罵声をあびせられ、そのあげくに「集団自決」

を強要されたり、スパイ容疑で虐殺されたりしたことであった。ほかにも食糧強奪、壕追い出し、幼児虐殺、朝鮮人軍夫の虐待など、日本兵が犯した残虐行為については枚挙にいとまがなく、「アメリカ兵より日本兵が怖かった」というのが、多くの避難民たちの実感であった。

しかし、このような戦場体験は、はたして「沖縄県民の被害体験」としてひと括《くく》りにしていい問題なのだろうか。右に列挙した様々な残虐行為において「日本軍」が加害者であることは否定できないが、その「日本軍」の中には沖縄県出身者も含まれているわけである。正規兵は当然として、防衛隊、義勇隊、警防団、県庁、市町村役場なども軍に協力して県民を戦場へと動員する立場だったのだから、ある場面においては「加害者」として戦争責任を負わねばならない場合もある。「集団自決」にしても「住民虐殺」の場合も、沖縄現地の人がからんでいる場合が多い。さらに、朝鮮人軍夫や従軍慰安婦などに対しては直接、間接を問わずわれわれ沖縄県民は加害者の立場に立たされる。

「加害体験」と「抵抗体験」

したがって、われわれ現地の平和ガイドの立場から「集団自決」や「住民虐殺」を語る場合も、被害体験と加害体験の二つの側面を同時に語ることになるのである。

沖縄に移駐してきた日本軍は、中国大陸や南方での侵略戦争を経験してきた部隊が多かった。彼らにとっては、沖縄戦は中国戦線や南方戦線の延長でしかなかった。伊江島の飛行場大隊の隊長は「諜者は常に身辺にあり。内地に帰りたりとて寸時も油断すべからず。絶えず北満にありたる心構えに在るべし」と訓辞して、占領地の中国東北部で地元人民の抗日運動にさんざん悩まされた経験をふまえて、沖縄の住民に対しても油断してはならぬと指示しているのである。やがて戦場で表面化する「沖縄人総スパイ視」の芽は、はじめから用意されていたのだ。つまり沖縄守備軍は侵略軍の体質と経験を沖縄の戦場にもちこんできたのである。

そういう意味で、沖縄戦を学ぶことから広くアジア太平洋戦争における日本軍の加害の実態を想像する手がかりを得ることができるだろう。その典型的な事例が沖縄戦における「軍命による集団自決」と「日本兵による残虐行為」である。教科書からこれらの記述を消してしまおうとする絶えざる策動は、要するにアジア太平洋戦争における日本軍の加害責任を、教科書や歴史教育から抹殺してしまおうとする歴史修正主義の立場からの攻撃にほかならないであろう。

では、「抵抗体験」はどう教えたらいいのだろう。

平和教育における被害体験・加害体験・抵抗体験の教え方については、藤井敏彦広島大学教授に「加害を教えることの意味」（『平和教育』一九八八年春号）と題するすぐれた論文がある。私は大学の平和学系の講座や沖縄平和ネットワークの平和ガイド活動のあり方を考えるとき、この論文を何度も読み返して実践活動の指針としてきた。論文はまず、加害体験を教えることの意味を次のように説いている。

「第一に、子どもたちに戦争の本質、とりわけ侵略戦争の本質を正しく見きわめる力、科学的かつ論理的に思考する力を育てることが大切であること。第二に、歴史に対する責任、人類の平和や幸福に対する責任感を育て、侵略戦争によって他国・他民族に与えた損害や苦痛や悲しみに想像力をはたらかせ、再び同じ過ちをくりかえさない決意を固めていく。第三に、帝国主義の軍隊、侵略軍と人民解放軍の本質的な違いがあり、何のための戦争か、誰のための戦争かによって軍隊のモラルや規律に大きな違いが生じ、それは加害という形に集約される。旧日本軍の現地住民に対する残虐行為を人間一般、軍隊一般に解消してはならない」

以上の三点をふまえた上で、加害体験を教えることの難しさを具体的に分析している。侵略軍であった日本軍が、沖縄における国内戦に追い込まれても占領地における住民敵視の習性をむきだしにしたことは明瞭であり、衆目の一致するところだから、ここで詳述することは省略するが、藤井教授が次のように指摘している点は、子どもたちに日本軍の残虐行為を説明しなければならない沖縄の平和ガイドの立場として、心に刻んでおかなければならない留意点であろう。

「……平和教育では加害を加害としてだけ教えるのではなく、一方には被害体験との関係において、他方では抵抗体験と関連づけて教えることが必要である。加害を加害としてだけ教えると、子どもは戦争に対する恐怖感と人間に対する不信感と自己に対する不信感だけしか身につかないであろう。

平和教育は、人間に対する愛と信頼の教育であると共に不当な権力や人間抑圧に対する正当な批判と抵抗の教育でもある。換言すれば、人間愛の教育であると共に社会正義の教育でもある。したがって平和教育を通して、あらゆる加害に対してそれらを不当とし非人間的と感じる鋭い感性と、それらに対抗してそれらを克服するねばり強い行動力が育てられなければならない。そのためにはその加害と結びついた抵抗体験が教材としてとりあげられなければならない」

ながながと引用させていただいたのは、私自身の考えを述べる上で、右の傍点の部分が導入部として必要だったからである。

抵抗体験といえば一般には、中国人民の抗日統一戦線の抵抗、マハトマ・ガンジー率いる非暴力不服従運動、反ナチ統一戦線やパルチザン闘争、南ベトナム解放戦線のゲリラ戦などが典型的な事例として想起される。はたして沖縄の歴史にそのような積極的な抵抗闘争が見いだされるだろうかと問われれば、少なくとも戦前においてはごく少数者の一、二の事例しか思い浮かばない。琉球王国の昔から、沖縄は百姓一揆のない島といわれたほどの温順な土地柄だから、はなばなしい反戦運動を期待するほうがムリかもしれない。

しかし、私は「抵抗」という概念を、「積極的抵抗」と「消極的抵抗」の二種類に分けてみてはどうだろうかと思う。侵略勢力に対して、銃を執って立ち向かうような積極的抵抗と、サボタージュやボイコットやエスケープも、一種の抵抗行為とみていいのではないか。武器なき抵抗といってもいい。

沖縄戦の特徴の一つに、日本兵の逃亡兵が多かったことはあまり知られてないが、慶良間諸島や南部戦線では敵前逃亡が続出している。防衛庁版戦史は軍隊の名誉を守ることに腐心するから逃亡兵についての記述はほとんど見られないが、中野雅夫『沖縄の反乱・「生きよう会」始末記』（文昭社・五七年）、渡辺憲央『逃げる兵・サンゴ礁の碑』（マルジュ社・七九年）、代田昇『四人の兵士のものがたり』（あすなろ書房・七三年）などのすぐれた著作もあるし、住民の証言記録にも散見される。

正規兵でさえ逃亡するくらいだから防衛隊や義勇隊、あるいは避難民はもっとはやく逃げたかったに違いない。しかし守備軍の方針は、沖縄住民が敵側に投降することを許さなかった。軍民一体のかけ声で陣地構築などに協力させられた住民は、陣地の内部構造や部隊の規模や武器・弾薬の数量まで何でも知ってしまったのだ。彼らが虜囚になれば敵側に友軍の重要機密をもらすに違いない、したがって、敵に投降した者は誰であれ、陸軍刑法や軍機保護法にてらして敵側諜者（スパイ）とみなして処刑する、というのが軍の論理であった。

逃げ場のない孤島の戦場で九死に一生を得るためには、軍命にさからって敵のホリョ（捕虜）

になるしかなかった。日本軍と米軍の狭間《はざま》に追い込まれた避難民にとって、投降を選ぶか玉砕(自決)を選ぶかは、生と死を分ける究極の選択であった。

生と死のガマ

実際に、生と死の明暗を分けた二つの避難壕が読谷村波平《なみひら》にあった。読谷山村《よみたんざん》(現・読谷村)のチビチリガマの場合は、軍の関与の度合いが最も希薄なケースである。しかし軍の存在の影響がまったくなかったわけではない。

読谷山では一九四三(昭和一八)年夏から農地接収がはじまり、陸軍中《なか》飛行場の建設工事が続いていたから、軍民一体化はむしろほかの地域よりも先んじていた。軍民一体となって連日五〇〇〇人規模の作業隊の突貫工事で飛行場は四五年初頭にはほぼ完成させたが、肝心の航空部隊はやってこなかった。マリアナ戦やフィリピン戦の連敗で帝国陸海軍の航空機はほとんど底をついていたのである。飛行機を持たない読谷飛行場は無用の長物となったばかりか、敵に逆利用される恐れもあった。そこで部隊は自ら建設した滑走路を自らの手で爆破して、持久戦に備えて首里北方の地下陣地帯へと移動していった。後始末のために少数の兵隊が残されていたが、彼らも敵上陸の数日前には本陣地へ移動していって、読谷、北谷《ちゃたん》海岸は空白地帯になった。地元住民には作戦の変更などは知らされないのだから、ふだんどおりの生活を続けているところへ、四月一日の米軍上陸をむかえたわけである。

読谷山村波平のチビチリガマは米軍上陸地点からわずか一キロの場所にあった。三月二九日までは少数の日本兵が入っていたが、友軍はいつの間にか消えてしまい、空壕になった洞窟に付近の避難民が集まってきた。その数約一四〇人。

米軍上陸の四月一日、洞窟は米軍海兵隊の戦車砲や機関銃で包囲された。米軍はスピーカーで投降勧告を行ったが洞窟の住民は応じようとしなかった。母子と老人が大半を占める避難住民の中に、在郷軍人の警防団員が数人いて、彼らが住民を統率していた。警防団と青年団は竹槍で〝武装〟していた。彼らは投降を拒否して、やがて一斉に一〇メートト先の米兵に向かって竹槍を構えて、ヤーヤーと突撃した。とたんに機関銃や手榴弾で反撃されて数名が重傷を負い、洞窟内はパニック状態におちいった。

四月二日、重傷者をかかえた避難住民に絶望感がみなぎってきた。サイパン島帰りの人がサイパン玉砕の時のように洞窟内で布団やムシロを燃やして煙を吸って死のうと提案した。元従軍看護婦は毒薬注射で近親者を殺す用意をしていた。住民は生死の岐路に追いつめられて混乱した。全員玉砕を主張する者、投降を主張する者に分裂した。

四月三日、狂気のうちに「玉砕」が決行された。煙と炎に身を投じて酸欠死するもの、毒薬注射で絶命するもの、死にきれなくて互いに刃物で首を切って死ぬ者、阿鼻叫喚の数時間の間に八三人が絶命、死にきれなかった者たちは米兵に救助されてホリョになった。

読谷山村ではほかにも二件の「集団自決」が確認されている。ここでは手榴弾による一家自爆であった。たぶん数日前まで駐屯していた友軍の兵隊たちからもらったものだろう。敵前に放置される住民には手榴弾や青酸カリが事前に渡されるのが通例だった。手榴弾を渡された時点で、「集団自決」の命令は下されたと受け取られたのである。

凄惨な「集団自決」が起こったチビチリガマから一キロと離れてないところに、シムクガマというもう一つの大きな洞窟壕があった。返還されていまはなくなった〝象のオリ〟の米軍の諜報アンテナの真下にあって全長は約三キロもあるという。このガマにも波平の住民一〇〇〇人ほどが避難していたが、入り口にいた二人が艦砲弾のえじきになっただけで、あとの全員は米軍上陸のその日の内に地上に生還している。鉄の暴風におおわれた読谷野でこれだけの人数が無事に生き残ったというのは奇跡に近いことだが、実際は奇跡でも何でもなく、一人の老人の冷静な判断と勇気ある行動によって、全員が整然と集団投降して収容所へ向かった結果であったのだ。

四月一日、米軍が上陸してくると、シムクガマもすぐに米兵たちに包囲された。米兵たちは「カマン、カマン、デテキナサイ、ダイジョウブ、コロサナイ、デテキナサイ」と呼びかけてきたが、「かまわんことがあるものか、殺すにきまっている」「日本人なら、天皇陛下バンザイして玉砕すべきではないか」などという声が洞窟中に広がっていった。晴れ着に着替えて自決の準備をする家族もあった。警防団に編成された青少年たちは竹槍をもって入り口をかためていて、「一旦《いったん》緩急《かんきゅう》あれば義勇公に奉じ……」と教育勅語を唱えながら今にも竹槍で突撃する構えだった。

その時、比嘉平治さんという老人が立ち上がって、「竹槍を捨てろ!……」と怒鳴って青少年たちの前に立ちふさがった。ハワイ移民帰りの比嘉老人は若者たちに向かって自分がハワイで見聞してきたことを話してきかせ、「アメリカ人は鬼畜生ではない、民間人を殺しはしないから早まったことはするな」と息巻く若者たちを制止し、同じくハワイ移民の経験があって英語が達者な甥をともなってガマから出て行き、米軍将校と交渉した。「日本兵はいないか」「いない、避難民だけだ」「避難民は何名ぐらいいるか」「地元の住民が千名ぐらいいる」「それではあなたたちが先導して全員都屋《とや》の仮収容所に移動しなさい。それまでは発砲しない、安心して出てきなさい」というやりとりがあって、やがて全員家財道具を頭に載せて行列を作って収容所へ向かった。この場面は、米軍の従軍映画班のフィルムに記録されている。まるでイスラエルの民を引き連れてエジプトから脱出していくモーゼの勇姿を彷彿《ほうふつ》とさせる場面である。

今からみれば何でもないことのようだが、当時の皇民化教育や軍国主義教育の洗礼を受けた人々にとって、二人のハワイ移民経験者の行為は信じられないほどに勇気ある行動であったはずである。「鬼畜米英」の恐怖観念を徹底的に刷り込まれ、「生きて虜囚の辱めを受けず」とたたき込まれ、そのうえ友軍兵は沖縄人に挙動の怪しい者はいないか、敵に寝返るような非国民はいないかと、たえず監視の眼を光らせている最中のことであり、もし友軍兵に見つかれば敵側スパイとして即刻首をはねられる状況である。もし奇跡というのなら、この二人の命がけの勇気こそ奇跡と呼んでたたえるべきであろう。

ところが、二人の命の恩人は戦後まったく沈黙したまま、生涯を終えたという。遺族の人に聞くと、チビチリガマの惨事を聞いた二人は犠牲者の遺族に遠慮して、シムクガマで全員が助かったという話はいっさい口にしなかったという。

チビチリガマの「集団自決」の全容が下嶋哲朗さんや知花昌一さんたちの調査活動で明らかになるまでには戦後三八年の歳月を要した。それ以来、チビチリガマは平和学習の重要な戦跡として全国に知られるようになったが、それでもシムクガマが注目されることはなかった。

戦争体験を考えるとき、被害体験にばかり目を向ける傾向は、ここにも現れていた。日本人の感傷癖がそうさせるのか、あるいは日本人の潜在意識に組み込まれた「死の美学」がここにも影響しているのであろうか。いずれにしてもシムクガマの集団投降の体験は、沖縄民衆の「抵抗体験」の典型的なケースとして語りつがれてほしいものである。

読谷村は、沖縄戦終結五十周年記念事業としてシムクガマに「救命洞窟之碑」を建立した。

「命《ぬち》どぅ宝」は抵抗の合い言葉

命がけで投降して米軍のホリョになってみると、友軍の「鬼畜米英」の宣伝が真っ赤なウソだったことがひと目でばれた。米軍は当然のこととして武器をすてた兵士は戦時国際法に基づいて「捕虜」として処遇し、避難民にたいしては衣食住や医薬品を与えて保護した。沖縄攻略作戦を担当した米第一〇軍（バックナー軍司令官）は作戦計画の段階から民事要員隊を編成し、『民事ハンドブック』まで用意して避難民の救助と宣撫《せんぶ》工作には十分に配慮していたのだ。

死線をこえて収容所に保護された避難民たちは、こんどは家族や同胞たちのことが心配になってきた。友軍のデマ宣伝にまどわされて死の道連れにされていく同胞たちを見殺しにするにしのびず、自分から志願して米軍の救出作戦に協力する者が出てきた。米軍は日系二世を使ってスピーカーで壕内に投降勧告をさせていたが、たどたどしい日本語（標準語）では説得力が弱かった。彼らだから、先にホリョになった現地住民が方言で呼びかけて投降をうながすことにしたのだ。しかしこは自分自身の実体験を語って、「心配ないから出てこい」と投降を呼びかけるのである。しかしこの救出活動はきわめて危険であった。壕の中の日本兵からみれば「敵側スパイ」として銃殺のマトになる。軍民雑居の状況下では「方言を使用する者は間諜とみなして処刑する」という軍命が出されるほどの状況であったから、沖縄住民の投降そのものが友軍に対する命がけの「抵抗」だったのである。

実際に、投降勧告をしたり米軍を誘導したという理由で日本兵に射殺された犠牲者は各地で見られた。

私は、アニメ映画『かんからさんしん』（シネマワーク・一九八九年）や劇映画『GAMA・月桃《げっとう》の花』（製作委員会・一九九六年）で投降勧告シーンを描いたことがあるが、たとえば『かんからさんしん』ではハワイ移民帰りの鎌太という男が友軍将校の制止を振り切ってホリョになったあと、米軍の舟艇からスピーカーでこんな呼びかけをする場面がある。

「……島の皆さん、聞こえますか。わたしは、知念鎌太であります。わたしはアメリカーのホリョになってしまいましたが、こうして、元気に生きています。アメリカ兵につかまったら股裂きにされるとか、戦車で轢き殺すといったのは、あれはみんな友軍のデマであります。デマにまどわされてあたら命を粗末にしないでください。沖縄には昔から『命《ぬち》どぅ宝』という言葉がありますね。どうか島のために、子や孫のためにガマから出てきてください。（方言で）待っていますよ、待っていますよ……」

この直後に鎌太は敗残兵から狙撃されて落命する。ストーリーはもちろんフィクションだが投降呼びかけの文句や、その後ガマの中の避難民が「集団自決」を思いとどまって、手榴弾を捨てて集団投降したのは実話である。

いま、沖縄の平和運動のキーワードになっている「命どぅ宝」という言葉は、もともと「銭は宝」に対する対語として昔から伝わってきた黄金言葉（格言）だったのが、昭和初頭に上演された史劇「首里城明け渡し」や「那覇四町昔気質」の劇中の台詞や歌詞で流行した。そして日米両軍から追いつめられて生死の岐路に立たされた人々が、軍隊の論理＝玉砕思想をはねのけて生への道へ脱出するときの命がけの黄金言葉（キーワード）となったのである。

「集団自決」と「住民虐殺」の事例

「集団自決」も「住民虐殺」もこれまで国も県もまともな調査を行ったことはない。したがって発生件数も犠牲者数も公式の数字というものはない。それでも県史や市町村史、新聞、雑誌などには体験者の手記や証言として両事件に関する記事が散見される。管見《かんけん》の及ぶ限りそれらの情報を集めて、なるべく現場に足を運んで確認したものが次の一覧表である。もちろん氷山の一角にすぎない。たとえば一家全滅が多いのも沖縄戦の特徴であるが、死者たちは自ら証言が出来ないからである。

〈1〉「集団自決」の主な事例一覧

1、渡嘉敷村渡嘉敷島＝村民329人／手榴弾その他（『秘録・沖縄戦』）

2、座間味村座間味島＝村民234人／手榴弾その他（「沖縄戦新聞」）

3、座間味村慶留間島＝村民53人（全住民の約半数）／手榴弾その他（「沖縄戦新聞」）

4、座間味村屋嘉比島＝村民約10人／手榴弾（『観光コースでない沖縄』）

5、伊江村アハシャガマ＝防衛隊と一般避難民約120人／防衛隊の爆雷（碑文）

6、伊江村サンダタ壕＝伊江村民と兵隊約50人余／爆雷、手榴弾（『伊江島の記録』）

7、伊江村クバク壕＝約５人（「沖縄戦新聞」）

8、伊江村ティーギシ壕＝２人（約20人中）／義勇隊（「沖縄戦新聞」）

9、恩納村＝11人（『琉球新報』）

10、読谷村チビチリガマ＝波平住民83人（31家族約194人中）／放火、注射その他（『南風の吹く日』）

11、読谷村波平防空壕＝波平住民14人（25人中）／手榴弾（『読谷村史』）

12、読谷村楚辺＝８人／手榴弾（「沖縄戦新聞」）

13、読谷村長田＝２人／手榴弾（「沖縄戦新聞」）

14、読谷村伊良皆クニー山壕＝14人余／手榴弾で自爆／４月３日（『戦禍を掘る』）

15、北谷町平安山砲台（ウカマジー壕）＝女子挺身隊17人／手榴弾（『北谷町史』）

16、具志川市具志川城跡壕＝村青年男女14人／手榴弾（具志川市『市民の戦争体験記』）

17、沖縄市美里＝住民と避難民33人／部隊指示による放火等（『美里の沖縄戦』）

18、玉城村前川民間防空壕＝７人／手榴弾（「沖縄戦新聞」）

19、玉城村糸数洞窟壕＝３人／糸数住民家族（証言記録）

20、玉城村幸之一病院壕＝軍医・看護婦２人（『玉城村史』）

21、糸満市米須カミントゥ壕＝58人余（22家族）（『糸満市史』）

22、糸満市真栄里＝２人（『琉球新報』）

23、糸満市兼城＝２人（『琉球新報』）

24、糸満市荒崎海岸＝ひめゆり学徒隊14人／手榴弾（『ひめゆりの少女』）

25、糸満市喜屋武具志川城跡＝避難民家族４人／服毒自殺（『沖縄戦を考える』）

26、糸満市真栄里＝２人（「沖縄戦新聞」）

27、糸満市阿波根＝１人／若い女性が米兵遭遇時に手榴弾で自爆（『秘録・沖縄戦史』）

28、糸満市国吉洞窟壕＝約15人／白梅学徒隊の集団自決（関係者証言）

29、糸満市兼城＝２人（証言記録）

30、糸満市（地名不詳）＝18人（『琉球新報』）

■合計30件1147人＋α

【その他の集団自決の事例】

①海軍部隊正規兵の集団自決＝小禄村上原・海軍軍需部壕数十人／海軍兵数十人が投降勧告を拒否して自爆（『鉄の暴風』）

②海軍小禄山根部隊医務壕＝重症患者を注射で殺害約50人（『戦禍を掘る』）

③糸満町アラレーガマ壕＝兵士８人余／斬込隊の集団自決（『戦禍を掘る』）

④野戦病院壕＝重症患者30数名／手榴弾で自決（『ぶっそうげの花ゆれて』）

⑤南風原陸軍病院＝重症患者数百名（推定）（関係者証言）

⑥陸軍病院糸数分室＝重傷患者百数十名／毒薬供与（『糸数アブチラガマ』）

⑦山部隊野戦病院新城分院（ヌヌマチガマ）＝約八百人／重症患者が毒薬・手榴弾で自殺。未遂者は銃剣で刺殺（『戦禍を掘る』）

【自決未遂の主な事例】

①阿嘉島住民避難壕＝手榴弾が不発（『沖縄県史10巻』）

②津堅島住民避難壕＝途中制止（『沖縄県史10巻』）

〈2〉日本軍による虐殺事件の主な事例一覧
（朝鮮人軍夫・米兵捕虜を含む）

1、久米島・郵便配達員射殺＝1人／降伏勧告状配達で鹿山隊長がピストルで射殺（『久米島住民虐殺事件資料』）

2、久米島・北原区民殺害＝9人／米軍との接触を理由に屋内で刺殺し放火（『久米島住民虐殺事件資料』）

3、久米島・仲村渠一家殺害＝3人／スパイ容疑で家族3人を刺殺（『久米島住民虐殺事件資料』）

4、久米島・朝鮮人一家殺害＝7人／理由なく連続して絞殺、惨殺（『久米島住民虐殺事件資料』）

5、座間味島住民処刑＝阿佐集落住民1人／投降勧告使者の住民殺害（証言記録）

6、座間味村阿嘉島＝住民2人、朝鮮人軍夫12人計14人／スパイ容疑、軍律違反等で連続殺害（『沖縄県史10巻』『恨・朝鮮人軍夫の沖縄戦』）

7、渡嘉敷島伊江村民処刑＝6人／投降勧告使者の伊江島避難民男女6人を赤松隊長らが処刑（『沖縄県史10巻』）

8、渡嘉敷島住民殺害＝5人／スパイ容疑で連続斬殺（『沖縄県史10巻』）

9、伊是名島住民虐殺＝4人余／敗残兵と残置諜者がスパイ容疑で殺害（『これが日本軍だ』）

10、伊是名島米兵捕虜殺害＝3人／不時着の米兵を敗残兵・残置諜者が殺害（『これが日本軍だ』）

11、伊江島住民虐殺＝5人／住民5人がスパイ容疑で斬殺（『これが日本軍だ』）

12、伊江島住民虐殺＝２人／伊江村住民が行動不審の理由で虐殺（『これが日本軍だ』）

13、国頭村伊地＝４人／収容所から解放された宜名真住民を紫雲隊（敗残兵グループ）がスパイ容疑で処刑（『村と戦争』）

14、国頭村与那（当原）＝避難民５人（『ぶっそうげの花ゆれて』）

15、大宜味村喜如嘉警官殺害＝２人／元警官他１人を敗残兵が殺害（『村と戦争』）

16、大宜味村大保避難民殺害＝３人／宇土部隊がスパイ容疑で処刑（『空白の沖縄戦記』）

17、大宜味村渡野喜屋避難民集団殺害＝約30人／宇土部隊の敗残兵が避難民多数を手榴弾で殺害（『沖縄県史10巻』）

18、名護市久志収容所＝約５人／米軍洗濯作業の女性約40人に敗残兵が手榴弾を投擲（『証言記録・沖縄住民虐殺』）

19、今帰仁村渡喜仁兵事主任ら殺害＝５人／謝花兵事主任ほか４人スパイ容疑で殺害（『証言記録・沖縄住民虐殺』）

20、名護市伊豆味＝１人／照屋忠英校長、スパイ容疑で日本兵がピストルで射殺（『秘録・沖縄戦』）

21、名護市伊豆味＝１人／陣地壕出入りの行商人をスパイ容疑で斬殺（『秘録・沖縄戦』）

22、名護市源河避難民殺害＝８人／田井等収容所から出た避難民をスパイ容疑で日本兵が手投げ弾で殺害（『琉球新報』）

23、名護市許田移民帰朝者殺害＝ハワイ移民帰りの兄弟２人／英語堪能でスパイ容疑（『沖縄タイムス』）

24、名護市＝避難民２人／食糧調達で下山中に射殺（『名護・やんばるの戦争』)

25、名護市為又＝１人／避難民に投降を呼びかる住民を日本兵が殺害(『沖縄タイムス』)

26、恩納村恩納岳避難民殺害＝１人／日本兵が住民をスパイ容疑で銃殺（『琉球新報』)

27、恩納村住民殺害＝２人／住民殺害（『沖縄タイムス』)

28、金武町屋嘉＝１人／海軍下士官が十人余の避難民の前で見せしめに老人一人を斬殺（『琉球新報』)

29、金武町金武＝１人／那覇の避難民を日本兵が家族の前で斬殺。理由不明（『琉球新報』)

30、浦添市城間＝１人／軍民雑居壕で泣く子を日本兵が絞殺（『これが日本軍だ』)

31、那覇市首里軍司令部壕＝１人／南方引揚者が日本の敗勢を語りスパイ容疑で見せしめの銃剣刺突（『証言記録・沖縄住民虐殺』)

32、那覇市街浮浪者斬殺＝１人／精神異常の浮浪者を偽装スパイとして将校が斬殺（『証言記録・沖縄住民虐殺』)

33、那覇市天久住民処刑＝１人／沖縄青年がスパイ容疑で銃殺／「沖縄タイムス』

34、知念村収入役銃殺＝１人／食料強奪の兵士により銃殺（『これが日本軍だ』)

35、知念村役場吏員銃殺＝１人／薪徴発の部隊から銃殺（『同上』)

36、知念村養蚕技手斬殺＝１人／英語使用でスパイ容疑、日本刀で処刑（『同上』)

37、知念村道案内人殺害＝１人／義勇隊の道案内人を誤処刑（『同上』)

38、玉城村糸数、糸数壕（アブチラガマ）＝住民４人（『虐殺の島』)

39、玉城村百名海岸＝１人／壕提供を拒否した避難民を敗残兵が殺害（『証言記録・沖縄住民虐殺』）

40、南風原町＝２人（証言記録）

41、南風原村宮城＝１人／新垣弓太郎妻／壕追い出しに抵抗して日本兵に射殺（『証言記録・沖縄住民虐殺』）

42、具志頭村ガラビ壕（ヌヌマチガマ）＝１人／避難民がスパイ容疑で日本刀で斬殺される（『戦禍を掘る』）

43、糸満市真栄平＝３家族７人（『沖縄県史９巻』）

44、糸満市山城壕＝３歳未満幼児５人殺害／泣き声防止（『沖縄県史９巻』）

45、南風原町野戦病院壕＝２人／防衛隊員を上官が斬殺（『ぶっそうげの花ゆれて』）

46、石垣市＝３人／駐屯部隊が不時着の米兵捕虜３人を刺殺（『八重山の戦争』）

■合計46件167人＋α

（沖縄県民141人＋α、朝鮮人軍夫12人、米兵捕虜６人）

【その他・日本軍の残虐行為の事例】

①波照間島民戦争マラリア病死－477人／離島残置諜者（特務工作員）によるマラリア有病地への強制移住による戦争マラリア犠牲者（『沖縄県史10巻』）

②南部戦線で壕追出しによる避難民の被爆死＝実数不明、多数（『沖縄県史９巻、10巻』他）

③国頭郡で食糧強奪による栄養失調死＝実数不明、多数（『沖縄県史10巻』他）

第Ⅱ部

沖縄住民が体験した「軍隊と戦争」

1972年に沖縄県教職員組合が特設授業の参考書として作成したパンフレット『これが日本軍だ』の表紙

沖縄戦経過図

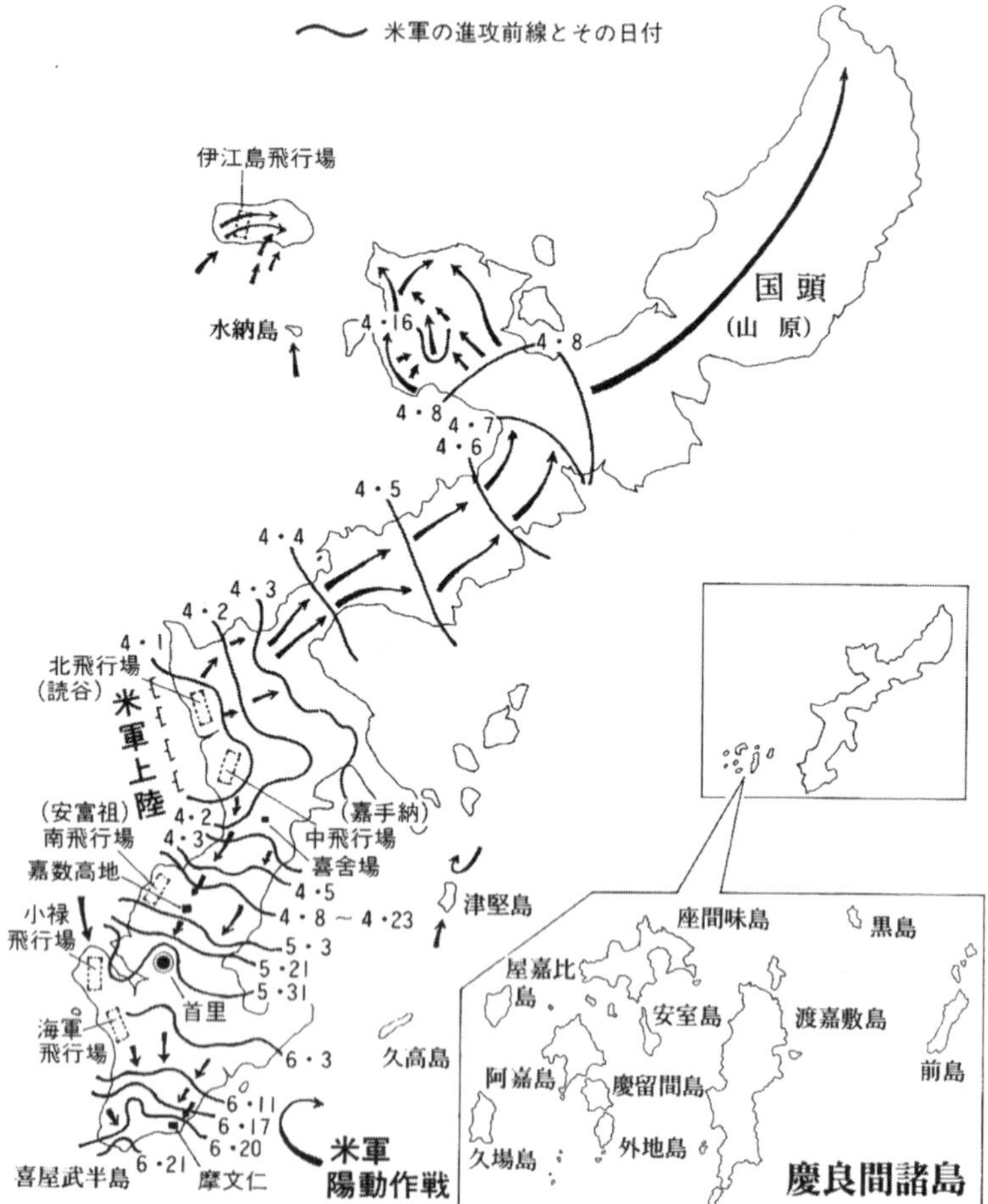
米軍の進攻前線とその日付
伊江島飛行場
水納島
国頭
（山原）
4・16
4・8
4・8
4・7
4・6
4・5
4・4
4・3
4・2
4・1
北飛行場
（読谷）
米軍上陸
（嘉手納）
中飛行場
（安富祖）
南飛行場
4・2
4・3
喜舎場
嘉数高地
4・5
4・8 ～ 4・23
小禄
飛行場
5・3
5・21
5・31
首里
海軍
飛行場
6・3
6・11
6・17
6・20
6・21
喜屋武半島
摩文仁
米軍
陽動作戦
津堅島
久高島
座間味島
黒島
屋嘉比島
安室島
渡嘉敷島
阿嘉島
慶留間島
前島
外地島
久場島
慶良間諸島

三度目の悪縁

私は過去六十数年の人生の途上で三度「軍隊」と遭遇している。

遭遇とは、「思いがけない不幸（災難）に遭遇する」などと国語辞典には例示されている。私のささやかな体験も、いま思えば沖縄にとっての「災難との遭遇」というべき場面だったのかもしれない。いずれも沖縄近現代史のターニング・ポイント（分水嶺）と重なっているのだ。「軍隊」といっても、三種類のまったく異なる武装集団であった。

最初の遭遇は、島の南端の小さな村にはじめて進駐してきた帝国陸軍の戦闘部隊であった。一九四四（昭和一九）年七月、私が田舎の幼稚園に通っていたころのことである。それまで軍備の空白地帯といわれた南西諸島にはじめて皇軍の戦闘部隊がやってきて航空基地や陣地やトーチカを構築して全島を要塞化した。全国で唯一郷土部隊（常駐部隊）が置かれない後進県であり、軍隊や戦争と最も縁遠い人々が本土防衛の最前線に立たされることになるのはこの時からである。

二度目の遭遇は、一九四六（昭和二一）年九月、きのうまで鬼畜米兵と罵倒してきたアメリカ兵との遭遇であった。熊本の疎開地から引きあげてくると、わが村は南部戦線から生き残った避難民の収容所になっていた。近くに黒人部隊のキャンプ（現在の琉球ゴルフ倶楽部）があり、黒いG

Iたちはわれわれ子どもたちにとっては、ガムやチョコレートをばらまいてくれるサンタクロースであったが、時として〝ムスメ・ハンティング（娘狩り）〟と称して夜襲をかけてくる凶暴な征服者の集団でもあった。

沖縄戦で「太平洋の要石《かなめ》」を獲得した米軍は、沖縄を日本から分離して専制的な軍事優先支配を行い、巨大な核基地を建設した。彼らは、「基地沖縄」を冷戦時代の極東戦略の中枢基地と位置づけて朝鮮戦争やベトナム戦争などの発進基地として利用しただけでなく、施政権返還後も主人顔で居すわり続けて、湾岸戦争やアフガン・イラク戦争への発進基地として利用し続けている。米軍基地との悪縁は私の人生の大半にたえずまといつき、日常生活の細部にまで浸潤してきて様々な問題を投げかけてきたが、二〇〇四年八月には、私が勤務している大学の構内に米軍ヘリが墜落するという惨事にまで至った。普天間飛行場の爆音にじゃまされながら平和学の講義を続けなければならないという戯画のような現状は、皮肉というべきか矛盾というべきか。少年時代に遭遇した米軍との悪縁はまだ絶ちきられる見通しも立たないままである。

三度目の相手は、正確には軍隊とはいえないが、しかしまがいもなく「軍隊」の装いで二七年ぶりに那覇港に上陸してきた自衛隊であった。軍隊をもたない平和国家であるはずの日本の政府は、施政返還によって日本に復帰した新生沖縄県を統治するシンボルとしてまっさきに陸海空自衛隊へ「沖縄上陸作戦」を命じたのである。戦後四半世紀余、反戦平和復帰運動を営々として継続してきた沖縄県民が復帰と同時に上陸してきた自衛隊の隊列をみて「日本軍の再来」と実感したのもムリはなかった。

　復帰前後の「世替り」の混乱のなかで県民が強く主張したのは「自衛隊配備反対」であった。そこに示された県民感情は、戦後の歴史のふしぶしにかならず噴出してくる沖縄戦の記憶の反映にほかならなかった。もっといえば、沖縄戦の悲劇の地下茎につらなる軍隊と住民の衝突、薩摩侵攻以来のヤマトとウチナーの愛憎の関係、沖縄人と本土人との発想の食い違いなど、歴史と文化の問題にまでさかのぼって検討しなければ解きほぐせない課題が横たわっているような気がするのである。

「軍隊」との三度の遭遇をとおして私は沖縄と軍隊との悪縁の歴史ドラマをかいま見たように思う。たとえば、復帰直前の七二年四月、自衛隊配備問題をめぐって世論が騒然とする中で、屋良《やら》朝苗行政主席が苦渋の色をうかべながら、「米軍基地の縮小計画が明らかにされないままに、自衛隊が配備されることに県民は強い不安を感じており、自衛隊配備には反対せざるをえない」と言明した光景を見たとき、とっさに頭に浮かんだのは、琉球処分のときの琉球王府の立場と眼前の琉球政府の立場との奇妙な類似であった。

　明治政府は琉球王国を廃して日本の一県に統合しようという腹で、その布石として熊本鎮台（日本軍）の分隊を那覇に設置する計画をすすめた。だが、王府は日本政府の提案をがんとして受け入れなかった。双方の問答はまるで歴史劇の脚本を読むようだ。

松田処分官「国内を経営するにあたっては要所に鎮台（地方常駐部隊）または分営を設置してその地方の変（紛争）に備える。これは政府が国土と人民の安寧を保護するための本分であり義務であり、これを拒む権利はだれにもない」

琉球王府「琉球は南海の一孤島であって、如何なる軍備や戦略をほどこしても外国の軍隊に対抗できるものではない。この小国が軍隊をもっているという構えを誇示したならば、かえって外敵からの攻撃をまねきよせる原因となり、国を危うくするばかりである。むしろ兵（軍隊）もなく力（兵器）もなく、唯ただ外国に対しては礼儀をつくし従順に対応し、いわゆる柔よく剛を制すの精神で国家の保持につとめることが肝要である」

日本政府と琉球王府のこの考え方の違いは、まさに自衛隊配備をめぐる日本政府と琉球政府の基本姿勢の違いに二重写しになって見えてくるし、沖縄戦の現場で発生した「集団自決」や「住民虐殺」などの住民犠牲の遠因も、案外ここに露出したような思想的土壌の違いに根ざしているように思われてならない。

以上のような問題を視野に入れながら、まずは話の順序として、復帰前夜の一九七二年二月の、自衛隊沖縄上陸の場面を出発点にして歴史の糸をたぐっていきたい。

自衛隊の〝沖縄上陸作戦〟

今年は沖縄が日本に復帰して三五年の節目になる。私の話も、三五年前にさかのぼる。

一九七二（昭和四七）年二月二五日早朝、私たちは赤いハチマキをしめて沖縄県教職員組合の旗のもとに立っていた。ハチマキには「自衛隊配備反対」と書いてあった。那覇港北岸の民港（南岸は軍港）には「復帰協」傘下の団体旗が数十本はためき、「自衛隊沖縄上陸阻止」の横断幕を掲げて抗議団約七〇〇人がけわしい表情で詰めかけていた。抗議団と対峙して機動隊約四〇〇人がジュラルミンの楯を並べてバース（埠頭）の入り口を閉ざしていた。

午前九時すぎ、鹿児島航路の貨客船ひめゆり丸がゆっくりと北岸バースに接岸、午前一〇時、一般乗降口とは別の貨物積み出し口の近くにバス四台が横付けされ、機動隊が楯を並べてバス乗降口までの通路をかためる中、一六〇人の自衛隊員が一二人一組の隊列を作って緊張した表情で次々とバスへ乗りこんでいった。T社のバス四台は抗議団を避けるようにしてブラインドをおろして那覇市内に走り去っていった。使用されたバスはT社だけで、他のバス会社は労働組合が自衛隊の送迎業務を拒否したために使用できなかった。

ゲート前に集まった抗議団から、「自衛隊帰れ！」「自衛隊沖縄配備反対！」「軍国化を許さんぞ！」

などのシュプレヒコールがさかんにあがったが、機動隊にはばまれて大きな混乱にはいたらないままに、沖縄現代史に一行を書き加えた自衛隊の沖縄上陸作戦は一時間たらずであっけなく終わった。日本政府にとっては、沖縄が日本政府の統治下に復帰したことを内外に示す象徴的な儀式だったのかもしれない。

新聞報道によると、この日上陸した自衛隊は、復帰後に本格的に配備される本隊の受け入れ準備のために派遣された先遣隊十数名と、戦史研究を目的にした幹部候補生で編成されていた。戦史研究の一行は、奥武山《おうのやま》の護国神社参拝、米軍基地視察、嘉数《かかず》高地、前田高地、南部戦跡の慰霊塔参拝などのコースを巡検したという。自衛隊の沖縄配備にあたって、まっさきに沖縄戦の戦史と米軍基地の現状を研究したというのは、自衛隊の沖縄配備の意味を象徴的に暗示しているように思われてならない。はじめて沖縄の地を踏んだ若い自衛官たちは、日米最後の決戦といわれた沖縄の戦跡に立つ牛島陸軍司令官や大田海軍司令官の慰霊碑の前でどのような想いをこめて参拝したのであろうか。

一方、復帰協の抗議団の方では、総括集会を開いて今後の反自衛隊闘争に向けての取り組み強化を訴えていた。「戦いの輪をいっそう広げ、船会社やバス、ホテルにも自衛隊への不提供運動を起こしてもらい、自衛隊上陸阻止、退島運動を強化しなければならない」と、執行部は強調していた。

復帰協は正式名称を「沖縄県祖国復帰協議会」といい、一九六〇年四月に結成され、日本復帰運動の統一組織として島ぐるみの県民運動を進めてきた団体である。その復帰協が、日本復帰（施政権返還）まであと数十日と迫ったこの時点で、「自衛隊配備反対」を最大の闘争目標としているところに、復帰をめぐる県民の複雑な問題意識が現れていた。

日本政府・防衛庁も沖縄返還にさいして、県民の反自衛隊感情が大きなハードルになることを認識して、自衛隊の配備計画をいくどか変更して、慎重に目立たないように、〝雨だれ式上陸作戦〟をとっていた。この日の沖縄上陸も、空と海すなわち那覇空軍基地と那覇港の二隊に分れて上陸し、途中で合流するという「目くらまし戦術」をとっていた。

宿願であったはずの日本復帰が目前に迫った今になって、なぜ県民は返還協定と自衛隊配備にこれほど頑固なまでの拒否反応を見せるのか、その背景を考えてみよう。

沖縄の民衆が米軍の弾圧と妨害をはねのけて公然と「祖国復帰」をとなえ、復帰協に結集して島ぐるみ運動に立ち上がったのは一九六〇年初頭のことであった。初期の復帰運動は素朴な民族感情にもとづいた「日の丸復帰運動」の色彩が強かったが、十数年続いたベトナム戦争と直結した「基地の島」の運動は、必然的に「反戦平和」の色彩をおびてきて、国際的なベトナム反戦運動や反核運動、アジア・アフリカの植民地解放運動、そして日本本土の沖縄返還運動の高まりの潮流の中で国際的な連帯行動へと発展して、「核も基地もない即時無条件全面返還」の要求運動へと収斂していった。言いかえれば、「平和憲法下への復帰」が県民の総意であった。

ベトナム戦争の泥沼化で、軍事・財政・政治の面で行き詰まった米国政府と、沖縄・本土にまたがって全国的な規模の政治闘争に発展した沖縄問題をかかえた日本政府は、六五年夏の佐藤栄作首相の沖縄初訪問を転換点として、沖縄問題を日米関係の最重要課題として返還交渉に取り組むことになった。「沖縄の祖国復帰が実現しないかぎり、日本の戦後は終わらない」と述べた佐藤首相の声明が、これ以後の沖縄問題のキーワードになった。

一九六九年一一月、佐藤・ニクソン首脳会談で、沖縄の施政権を両三年以内に返還することが合意された。内容は、核兵器の存否をあいまいにしたまま広大な米軍基地がほぼそのまま残される、というものだった。佐藤首相は「沖縄の施政権返還の大綱は、核抜き・本土並み・七二年返還である」と説明したが、実際には、核の存否はあいまいにしたまま、国土の〇・六％にすぎない小さな島に在日米軍専用基地の七四・六％を占め、県土の一〇・八％を占拠する米軍基地を固定化したままの返還が、はたして「本土並み返還」といえるかどうか、どう見ても県民の不安を解消するものではなかった。共同声明を聞いた県民は猛反発した。琉球政府の屋良《やら》行政主席も「沖縄の祖国復帰の正しい姿は、民主・平和・平等の日本国憲法のもとに、差別のない権利を回復することだと考えて、そのためには即時無条件全面返還以外にはありえないと信じ、それを強く叫び主張してきた」と、強い不満を示した。

だが、日本政府は全国からわきおこる「沖縄返還協定反対」の声を無視して、米国との交渉を進めた。七一年六月には日米両国をテレビで中継しながら調印式をすませ、七一年一〇月からはじまった沖縄国会で、全国的な抗議行動の中で批准が強行された。あとは五月一五日の復帰記念式典を待つばかりになっていた。

自衛隊配備問題は、返還協定反対が高まる県民世論に油を注ぐようなものだった。自衛隊配備は日米首脳会談の直後に両政府の防衛担当者の会談（久保・カーチス会談）で、「日本国における沖縄の地域防衛責務の引き受けに関する取り決め」と称する協定が取り交わされていた。極東最大といわれる現在の米軍基地に、復帰と同時に自衛隊を上乗せするのは沖縄基地の強化にほかならない。「基地撤去」でまとまっている県民世論の反発はさけられないが、日本政府としては、日本国の統治権のシンボルを内外に示す、という意味から自衛隊の「沖縄進駐」は面目にかけて強行しなければならない課題だったのだろう。

防衛庁はさっそく第四次防衛計画で六八〇〇名の沖縄配備を決定していた。沖縄現地が沖縄返還協定の内容をめぐって激動している間に、自衛隊配備のレールは充分な議論もなされないままに着々と敷設されつつあったのである。

琉球政府と沖縄住民が自衛隊配備に強い拒絶反応を示したのにはいくつかの理由が考えられる。第一に、沖縄返還協定による日本復帰（祖国復帰）そのものが「核も基地もない平和な沖縄の回復」という県民の悲願からほどとおく、「平和憲法への復帰」が「日米安保条約への復帰」にすり替えられたことに対する、失望感と怒りが爆発したのである。佐藤首相と日本政府は「核抜き本土並み返還」というフレーズをくりかえし唱えたが、それが実体のともなわないだまし絵にすぎないことを、県民は見抜いていた（真相は後の外交文書の公開と、三〇年後の沖縄基地の現状によって証明されている）。

第二の理由は、沖縄戦における日本軍から受けた様々な迫害の記憶が、日本復帰という歴史の曲がり角で激しく噴き出してきたことである。

第三の理由は、平和憲法をめぐる理念と現実の乖離《かいり》に対する失望感である。沖縄は過去二五年間日本国憲法の埒外に置かれてきたが、沖縄住民は「平和憲法への復帰」という理念を掲げて、米軍の軍事優先支配に抗しつつ日本復帰運動を進めてきたのである。とくに沖縄教職員会に結集した教師たちは、五月三日を「自主的憲法記念日」と定めて全琉一斉に平和憲法を学ぶ特設授業を実施してきた。ところが、悲願の日本復帰が決まってみると、まっさきに沖縄に上陸してきたのは憲法九条で放棄したはずの「日本軍」の再来だったのである。沖教組が自衛隊配備に強く反対したのは、大いなる幻滅と怒りの表現だったのである。

第四の理由として、沖縄県民は伝統的に歴史的に、軍隊ぎらいの性格をもっていることである。沖縄の反軍思想の源流については別の機会に琉球王国の時代までさかのぼって考察してみたいが、ともかく、自衛隊に対する拒否反応は沖縄の歴史と社会に深く根ざしたものであって、政治的立場やイデオロギーを超えた問題を含んでいることを見落としてはならない。

沖教組パンフレット『これが日本軍だ』

自衛隊を拒絶する県民意識は、たとえば次のような動きを見れば明らかであろう。

【事例1】『琉球新報』七二年四月の世論調査

設問「復帰後自衛隊を置くことについて」（カッコ内は全国）

①全く置く必要はない42％（12％）②治安維持や災害救助活動のための最小限度の配備は必要37％（62％）③防衛上置く必要がある12％（20％）

【事例2】復帰直前の自衛隊配備に反対する主な動き

①沖教組、三月一日から六日まで全琉小中高校一斉に自衛隊配備反対特設授業を実施。

②久米島具志川村議会、旧日本軍の村民虐殺事件で国に犠牲者の名誉回復と遺族の援護要求決議。（七二・四・五）

③屋良《やら》朝苗《ちょうびょう》行政主席（後に県知事）は、本土政府が沖縄への自衛隊配備計画を確定したことについて、「自衛隊配備には反対せざるをえない」と談話を発表。（七二・四・一七）

④復帰協、「日本軍（自衛隊）の沖縄進駐に抗議する声明」発表。（七二・四・二一）

⑤沖縄出身の一等陸士を含む反戦自衛官六人が東京・六本木の防衛庁に対して、「沖縄百万の労働者、農民が沖縄派兵に怒っているのに、わが自衛隊は秘密に物資を搬入するなど沖縄民衆への圧迫を強いている。自衛隊の侵略軍への強化がわれわれの市民としての権利を奪っている」として派遣中止を要請。（七二・四・二八）

⑥復帰協主催「完全復帰を要求する4・28県民総決起大会」のスローガンに「自衛隊配備阻止・軍用地収用反対」を前面に掲げる。（七二・四・二八）

防衛庁は七一年一一月に自衛隊の最終配備計画を決定したが、沖縄移駐作戦は自衛隊創設以来の最大の作戦と位置づけられ、計画は慎重に練られた。派遣部隊の編成についても県民感情を考慮して、全国の基地から沖縄出身の隊員を寄せ集めて、派遣部隊に編入した。

はじめに記した先遣隊の沖縄上陸に続いて、四月二二日には実際に現地に常駐することになる移駐部隊の第一陣が沖縄入りをした。この時期からは佐藤首相がじきじきに兵力削減を強く希望したために、全体の配備部隊の規模も六八〇〇人から五三〇〇人に縮小され、移駐行動も那覇港からの「堂々の沖縄上陸」という印象を避けるために、小グループに分けてＹＳ11機で那覇空港に運ぶというスタイルに変えられた。上陸した隊員には、私用で外出するときの制服着用を自粛させるという気の配りようであった。

こうして、一九七二年五月一五日の日本復帰とともに陸上自衛隊第一混成団、海上自衛隊沖縄基地隊、南西航空混成団、自衛隊沖縄地方連絡部が正式に発足した。

沖縄基地に配置された自衛官たちは、沖縄上陸早々から県民の厳しい反自衛隊運動にさらされた。成人式への自衛隊員参加拒否、市町村窓口での住民登録の拒否と隊員募集業務の拒否、夜間大学への隊員の入学拒否などのほか、市街地や飲み屋街などでの小さなトラブルが絶えず、隊員は外出時の制服着用を自粛せざるをえない状況だった。

八五年五月、那覇空港で訓練中の航空自衛隊機が、民間旅客機と接触するという事故が発生した。事故そのものは大事にいたらず済んだが、マスコミや世論は騒然となった。沖縄の玄関口である那覇空港は現在でも航空自衛隊との軍民共同使用のままだが、これは施政権返還をめぐって佐藤首相が公約していた、米空軍那覇航空基地の即時全面返還が空手形になったばかりか、米軍から自衛隊への移管によってむしろ基地は長期的に固定化され、さらには自衛隊の活動範囲の拡大と機能強化につながるだけではないかと気づかされた出来事だったのだ。

本土並み返還の見本となるはずだった那覇航空基地は、いまでも航空自衛隊の重要拠点となって訓練を続けている。沖縄観光の玄関口である那覇空港を一歩島内に入ると右手には南西航空混成団の広大な基地の金網が続き、左手にはいまなお返還が進まない米軍の軍港の金網がのびている。本土並み返還のシンボルどころか、軍事優先の「基地の島」を象徴するような風景である。

七二年五月の復帰の時点で最大の争点となった自衛隊配備問題に対する県民世論も、復帰後は徐々に変化をみせてきた。日本政府が推進する三次（三〇年）におよぶ沖縄振興開発計画のもとで、沖縄社会の中央系列化が進み、自衛隊の沖縄浸透作戦も次第に効果をあげてきた。陸上自衛隊による不発弾処理活動や航空自衛隊の離島僻地の急患輸送活動などは、県民生活にとって不可欠のプレゼンスとなって定着していった。

自衛隊が沖縄にだんだんと定着してきたのは事実だが、復帰後三五年が経過しても県民意識調査の数字が現状容認派と撤去・縮小派が拮抗しているのはやはり沖縄的特徴というべきだろう。全国平均に比べてはるかに自衛隊に対する違和感が強いのは、街頭で制服姿の自衛官の姿を見かけないことでも明らかである。

こうした現象からも県民の心の底にいまなお消すことのできない戦争の傷跡が透けてみえるのである。その傷跡とはどのようなものだろうか。

ところで、さきの自衛隊の那覇港上陸の場面で、私は沖教組（沖縄県教職員組合）の抗議行動に参加していた、と書いたが、これには少々私的な事情があった。

そのころ私は組合員というわけではなく、「沖縄教職員会二〇年史」編集室の臨時職員として、沖教組本部に採用されたばかりだった。

ところが、那覇市久茂地《くもじ》の教育会館の木部事務所に出勤してみると、会史の編集どころではない。沖教組は復帰協の中軸団体であり革新陣営の行動部隊でもあったから、沖縄返還協定をめぐる様々な問題が渦巻いて、目の回るような忙しさである。週に二、三回は集会や抗議行動やデモ行進が計画され、臨時職員の私までハチマキをしめて動員されるありさまだった。

そのうち私には新たな仕事が与えられた。沖教組に設置された「戦争犯罪追求委員会」の事務局の仕事である。沖教組は復帰直前の三月から自衛隊反対の特設授業を計画していたが、その準備として旧日本軍の残虐行為に関する調査活動を行っていた。復帰混乱の渦中で、四半世紀前の戦争体験の発掘が進められたというところに、沖縄県民にとっての戦争体験の意味が見えてくるのである。

沖縄戦における日本兵による住民虐殺や「集団自決」などの事例は、『沖縄県史10巻・沖縄戦記録②』の発刊によって本土のマスコミからも注目されるようになっていたが、『沖縄戦記録①』は沖縄本島中南部の激戦地だけを対象にしている。その後、続編の『沖縄戦記録②』の調査・記録が進むうちに、北部や離島地区を含めた沖縄全域で発生した日本軍によるさまざまな事件に照明があてられるようになった。

沖教組の戦争犯罪追求委員会もその線に沿って独自の調査活動をおしすすめていたが、当初九カ所の調査を行っていたところマスコミや県民からの反響が大きく、各地から新事実の情報が続々と寄せられて、調査地は二十数カ所におよんだ。沖教組ではこれらの調査結果をまとめて、七二年五月に『これが日本軍だ』というパンフレットを発行して、自衛隊配備反対の特設授業の参考書として全校に配布した（第Ⅱ部とびら参照）。

『これが日本軍だ』の中には、座間味島の「集団自決」、渡嘉敷島の「集団自決」、波照間《はてるま》島のマラリア地帯への強制移住、伊江島の日本兵による斬首事件、浦添《うらそえ》の幼児絞殺、大宜味《おおぎみ》村喜如嘉《きじょか》の住民虐殺、大宜味村渡野喜屋《とのきや》の集団虐殺事件、糸満市山城の幼児毒殺、糸満市真栄平《まえひら》の壕追い出しと斬殺、伊是名《いぜな》島の敗残兵による少年銃殺、知念村の住民処刑、久米島の鹿山隊連続虐殺事件の一二件が収録されている。

これらの事件の記録は、特設授業の中で旧日本軍の体質をあらわす事件として戦争を知らない子どもたちに衝撃を与えたが、衝撃の波紋は沖縄返還問題の取材で来島していた本土のマスコミにも強いインパクトをおよぼし、沖縄県民の反自衛隊感情のルーツを認識する手がかりとして大きく報道された。

中でも久米島の鹿山隊による虐殺事件の真相は、これまで県民の間でもほとんど知られていなかった新事実で、旧日本軍の残虐性を露呈させた典型的な事件として沖教組でも戦争犯罪の責任追及問題として重視した。

久米島虐殺事件（鹿山事件）は、沖縄の戦場で多発した日本軍による住民虐殺事件の典型的な事例である。連続虐殺事件はどのような段取りで実行されたか、虐殺＝処刑の理由（軍隊の論理）は何であったか、なぜそれが「虐殺」といわれるのか、事件の首謀者は現在どのような責任意識をもっているのか、などの問題を考えるうえで参考にすべき事件であった。

久米島住民虐殺事件

久米島は那覇市の西方一〇〇キロの東シナ海に浮かぶ周囲四八キロ、人口約一万数千人の島で、沖縄戦では米軍の作戦計画（アイスバーグ作戦）の攻撃目標からもはずされ、日本軍の守備部隊も配置されない孤立した島であったから、本来は戦争の惨劇とはほど遠い平和な島のはずであった。

しかしこの無防備の小島にも、皇軍は存在した。鹿山正海軍兵曹長（三三歳）がひきいる海軍見張隊（電波探信隊）三五名の小隊が駐屯し、島の北部のウフクビリ山に電波探知機を設置して、付近に侵入してくる敵の潜水艦や飛行機を探知して小禄《おろく》の海軍沖縄方面根拠地隊本部へ通報する任務をおっていた。武器といえば軽機関銃三挺、小銃五、六挺程度でほとんど戦闘能力はもっていなかった。しかし、敵に対しては無力な鹿山隊も、孤立した小島の住民に対しては絶対的な権限、生殺与奪権さえにぎっていた。実際、鹿山隊長は具志川、仲里の両村長と警防団長に対して隊長命令を伝える通達文書を多数残している。その一通が次のような内容の文書である。

一九四五年六月一三日、具志川村北原区の西海岸に十数名の米軍斥候兵《せっこう》が上陸、区民二人を拉致していったという事件が発生した。久米島住民虐殺事件のプロローグというべき事件であった。

二日後、「山の海軍」から各一通の文書が両村役場に届けられた。

「昭和二〇年六月一五日／久米島部隊指揮官／具志川村・仲里村村長・警防団長殿・達」という文書名で五項目の通達事項が並んでいる。要約すると次のような内容である。

一、去る一三日夜間における具志川村北原区民拉致事件は敵の目的が何であるかおよそ推察できるが、はたして三名がその目的にかなうかどうかは疑問である。したがって、敵がふたたび同じ計画を実行する可能性があるから、今回の失敗を繰り返さぬよう海岸の監視と報告は厳重にするよう切望する。

二、右の拉致被害者がスパイ活動や敵側道案内や謀略宣伝などに利用されるおそれがあるから、もし彼らが島へ帰ってきた場合は家族や一般区民との会話や接触は絶対に厳禁し、ただちに軍当局に報告・連行すること。

三、敵は謀略宣伝を開始する可能性が大だから、飛行機などから撒かれた宣伝ビラは早急に軍当局に送付すること。みだりに宣伝ビラを拾得し私有する者は敵側スパイとみなして銃殺する。

四、(略)

五、右の一、二の主旨に違反した場合は関係者や責任者は厳重に処罰する。

右の通達は、一言でいえば「スパイ容疑者」とその関係者に対する警告であり予告である。この通達文書が単なる警告に終わらず、「スパイ狩り」を名目とした連続住民虐殺へと猛威をふるうのは、二週間後のことであった。

六月二六日早朝、米軍約一〇〇〇名が東海岸の銭田に上陸してきた。六月二三日に牛島軍司令官と長《ちょう》軍参謀長の自決をもって沖縄本島の組織的戦闘は終息したので、これまで放置されていた周辺離島の占領が目的であった。無抵抗の島とはいっても、米軍は上陸作戦を開始する前に艦砲による上陸準備射撃を行うのが通例で、現に隣の粟国《あぐに》島では無防備の小島を大規模な艦砲射撃と機銃掃射でたたいた後に、二十数隻の水陸両用戦車が上陸している。このため島内の二つの集落は砲爆撃で粉砕され、五六名が死亡、上陸後に六名が銃殺されている。

一方、隣島の久米島の場合は、砲爆撃を免れたが、それには理由があった。沖縄戦末期の屋嘉《やか》捕虜収容所でのことである。米軍日系二世の通訳兵が久米島出身の捕虜に面会を求めてきた。久米島上陸作戦に協力できる人物を探しているという。島出身者は二〇名ばかりいたが誰も応ずる者はない。同郷の民間人を救出するために方言で投降呼びかけをやった沖縄出身の捕虜が、日本兵から間諜（スパイ）とみなされて銃殺されたという話は各地で聞かされていたからである。だが、二世兵から、協力者がいなければ米軍は巡洋艦三隻で艦砲射撃をしてから上陸する計画だと聞いて、仲村《なかん》渠《だかり》明勇という具志川村西銘《にしめ》の捕虜が名乗り出た。

仲村渠さんは前年に現地召集で小禄《おろく》の海軍部隊に配属されていたが、南部戦線で捕虜になって屋嘉収容所に抑留されているのだった。彼は、米軍に協力することがどんなに危険なことか知らないわけではなかったが、生まれ島が猛烈な艦砲射撃の標的にされることを座視することはできなかった。「島にはわずかばかりの海軍部隊しかいない、あとは一万余の住民だけだ、自分が同行して道案内するから艦砲射撃をやめてもらいたい」と懇願した。米軍将校は「あなたが案内して上陸させるなら艦砲射撃は中止してもよい」と約束した。

六月二六日、米軍は銭田海岸に無血上陸した。生まれ島に上陸した仲村渠さんは、住民の避難壕をまわって、米軍は抵抗しない民間人は殺さないから安心して下山するように説得した。彼の行動が鹿山隊長に通報されるのに時間はかからなかった。実は、住民の動静をひそかに監視して反軍・反官的分子を、「スパイ容疑者」として部隊に通報する防諜網が県下全域にはりめぐらされており、久米島も例外ではなかったのである。鹿山隊長の手元には数十名の要注意人物のブラックリストができていたといわれる。

スパイ狩りの実態

鹿山隊（海軍見張隊）による連続住民虐殺は、米軍上陸の翌日から日本降伏後の八月二〇日まで続いた。

第一号事件の犠牲者は、首里出身で久米島郵便局の電話保守係として駐在していた安里正次郎さんであった。六月二六日、米軍上陸の情報を聞いていったん山奥の避難小屋に隠れた。暗くなるのを待って生活道具を取りに集落へ降りてきて、夜が明けたら山小屋へ帰るつもりだったが、二七日未明、武装米兵に取り囲まれて米軍陣地に引致された。そこで部隊長から日本軍への降伏勧告状を鹿山隊長に届けるように命ぜられ、拒否すれば米兵に殺されると思ったのであろう、勧告状をもって見張隊の本部陣地へ届けたところ、鹿山隊長は「敵の手先になってこんなものを持ってくるからには覚悟はできているだろうな」と怒鳴って、その場で自分からピストルで安里さんを撃ち、一発では即死しないので部下に命じて両側から銃剣でとどめを刺した。

安里さんには島出身の内縁の妻がいたが、夫がスパイ容疑で射殺されたと知らされて恐怖のあまり家をとびだして山田川に身を投げて自殺した。彼女の母親もショックを起こして寝込んでしまい、間もなく亡くなった。二人とも鹿山隊長が殺したようなものだと近親者は嘆いた。

第二号事件は北原区民九人の集団虐殺である。去る六月一三日、北原区に上陸してきた米軍の偵察隊に区民二人が拉致されていったが、米軍上陸部隊とともに島へ帰されていた。かねて鹿山隊長から両村の村長と警防団長宛に拉致された二人についての通達が届けられていた。「拉致された者が帰ってきたら、自宅に入れず、直ちに部隊駐屯地に引致して引き渡すべし」という内容だった。しかし、二人が帰島したのは米軍上陸の混乱のさなかであり、二人を部隊陣地まで連れて行くのは不可能な状況であった。だが鹿山隊長は、拉致されて帰島した二人は敵側スパイと断定し、二人を部隊に引致せずに放置した北原区警防班長ほかの関係者を、軍命に違反した者として処刑すべく部下の軍曹に命じた。六月二九日夜半、軍曹は一〇名ほどの部下を率いて北原区に降りていき、拉致被害者二人と区長、警防団班長、被害者の近親者など九人を一軒の民家に集め、針金で手足をしばり目隠ししておいて、一人ずつ銃剣で刺し殺したあげく、民家に火をつけて引き揚げていった。この光景を目撃した一区民は沖教組の調査チームに次のように証言している。

「私たちは、敵の米軍より、味方であるべき日本軍が怖く、焼死体を埋葬することもできず、一カ月近くもそのまま放置していました。海岸の米軍と、山の日本軍にはさまれ、鍾乳洞の奥深くに隠れていましたが、洞窟の中で餓死する者もあり、病死する者もいた。全く悪夢のようなホラ穴生活でした。思い出すだけで身の毛が立つような思いです」

第三号虐殺事件は、久米島への艦砲射撃を中止させるために自ら案内人に立った仲村渠《なかんだかり》明勇さん一家の受難である。

仲村渠さんは久米島上陸以来、昼間は米軍に協力して避難民の救出活動を続ける一方、夜は米軍の許可のもとで人里離れたスイカ畑の番小屋に、妻と男の子といっしょに隠れるようにして住んでいた。安里正次郎さんや北原区民の虐殺事件のように、自分もスパイ容疑で狙われているらしいことは知っていたので、外歩きのときは蓑笠で顔をかくして見張隊の目につかないように用心はしていたが、八月一五日、日本の無条件降伏の情報が伝わってきてからは緊張がゆるんだのか、同月一八日の夜間、近くの浜で夜釣りをして隠れ家に帰ってきたところを友軍兵に取り囲まれてしまった。兵隊たちは仲村渠さんの左脇腹を銃剣で刺して殺し、近くのアダン林に逃げ込もうとした妻と幼児の後を追って刺殺、三人の死体を屋内に引きずりこんでから小屋を焼き払った。

最後に、谷川昇という朝鮮釜山《プサン》出身の行商人の一家八人が衆人環視の中で虐殺された。谷川さん一家がなぜ虐殺されたのか理由は明らかでない。行商で各民家や避難所を訪ね歩くのでスパイの濡れ衣を着せられたのか、あるいは朝鮮人というだけで日本への忠誠心を疑われたのか、あるいはただ島人たちへの見せしめのために最も弱い立場の一家を血祭りにあげたのか。ともかく、正当な理由もなく、罪もない女性や子どもたちまでが斬殺、刺殺という残酷な手段で集団的に殺されたということが、「虐殺」といわれるゆえんである。

当時の警防団員で現場を目撃した人が次のように証言している。

「八月二〇日、こうこうと明るい月夜の晩でした。村民に変装した日本兵一〇名位で護岸の上から谷川昇の死体を投げ捨て、その後一人の兵隊が小さな子どもを抱えて来て父親の死体のそばに投げ落としました。子どもは父の死体にしがみついてワーワー泣きくずれていましたが、その子を軍刀で何回も何回も切り刻んでいました。私は怖くて足もぶるぶるふるえました。日本軍から『見せしめだ、ほっておけ』とも言われるし、『あとで死体を片づけよ』とも命じられたので、私たち警防団員は涙をすすりながら、海岸に穴を掘って埋めました。あの時の子どもの断末魔の泣き声は、今も耳に残っているようです」

以上が久米島住民虐殺事件の概略で、直接鹿山隊に殺害された住民の犠牲者は二〇人にのぼるが、この他にも鹿山隊長の「殺害リスト」には、農業会長や学校教師や村の有力者などの名前も記されているという情報が流れていた。

また隊内でも、隊長の命令に従わなかったという理由で隊長に呼び出され、一刀のもとに斬首された下士官のケースもある。

米軍一千余の上陸作戦を目の前にして、鹿山隊長は三〇余名の隊員を五班に分け、各班を小銃一、二挺で武装させ、さらに地元の警防団員には竹槍を持たせて斬り込みを命令したが、隊長自身は一六、七歳になる「現地妻」をはべらせて山中を逃げ回っていたという。

九月七日は沖縄作戦に参加した米軍第一〇軍と日本軍第三二軍の残存部隊が嘉手納飛行場内の米第一〇軍司令部で降伏調印式を行い正式に沖縄作戦が終結した日である。この日、久米島でも鹿山隊長以下の海軍電波探知隊員、不時着特攻隊員、慶良間諸島や沖縄本島からの逃亡兵など四十余名が正式に降伏調印を行って米軍キャンプ内に収容された。このことを最も喜んだのは、「鹿山リスト」で処刑の対象者としてマークされていた人々であっただろう。

元隊長の弁明

それから四半世紀が過ぎた。一九七二（昭和四七）年二月から四月にかけて、日本復帰を目前にひかえた沖縄では、久米島住民虐殺事件の記憶が生なましくよみがえり、沖縄返還協定の内容に怒りをつのらせていたが、思いがけず、県民の怒りにますます油を注ぐような出来事が表面化した。

本土の新聞やテレビが鹿山元隊長の居所を探しあて、久米島虐殺事件の責任者にじかに責任追及を行ったのである。鹿山元隊長は健在だった。新聞やテレビの追及にも悪びれる風もなく、むしろ軍人の矜持《きようじ》を態度に表して、過去の事実関係や現在の心境を語った。

「島は小さかったが食糧はあった。言葉は琉球語であるが、日本教育を受けているので不自由はしなかった。那覇は知らんが、久米島は離島で一植民地である」

「一万の島民が米側についたらわれわれはひとたまりもないから、島民の忠誠心をゆるぎないものにし、島民を掌握するために、わしは断固たる措置をとったのだ」

「これまで報道された事件のあらましはほとんど間違いないが、私は日本軍人として戦争に参加し、米軍が進駐した場合、軍人も国民も、たとえ竹槍であっても、うって一丸となって国を守るのだという信念、国の方針で戦争をやってきた。だから敵に好意を寄せるものには断固たる措置をとるという信念でやった」

鹿山元隊長の弁明は全国ネットのニュース特集番組「久米島大量処刑事件・二七年目の対決」というタイトルで全国に放映された。鹿山正元海軍兵曹長は「わしは悪いことをしたとは考えてないから、良心の呵責もないよ」「日本軍人として当然のことをやったのであり、軍人としての誇りを持っていますよ」と軍隊口調で平然と語っていた。

彼はいまでも自分の行為には正当な理由があったと確信している。その〝正当な理由〟とは鹿山隊長から具志川村長・警防団長に発したスパイ取り締まりの命令書だったわけだ。文書には、敵の宣伝ビラを持っていたり、敵と接触したりした者やこれをかばった者は、「敵側スパイト見做《みな》シ銃殺ス」とはっきり書いてある。鹿山隊が虐殺した二〇人の犠牲者は、すべて鹿山隊長が「敵側スパイ」と見なした者たちだったという理屈である。

二七年後に鹿山元隊長の弁明を聞いた久米島の関係者は、腹わたの煮えくり返る思いでいく晩も眠れぬ夜を過ごしたという。関係者に限らず、多くの県民が久米島事件のマスコミ報道に触発されて、目前に迫った自衛隊の沖縄配備と重ねあわせて、反軍・反自衛隊感情をつのらせたであろうことはいうまでもない。

七二年二月の那覇港への自衛隊上陸の場面で、抗議団の人々が「自衛隊は帰れ！　日本軍は帰れ！」と叫んだ背景には、久米島住民虐殺事件と類似した数百件もの戦場の惨劇を体験した人たちの、心の深層に今なお疼く戦場の記憶がマグマのように煮えたぎっていたのである。

しかし問題は鹿山隊長の責任の追及だけでは終わらない。彼が、「島民が米側についたらわれわれはひとたまりもないから、云々」と、人々の感情を逆なでするような差別的な発言を発する背景には、それなりの歴史的な根拠があったのである。

戦時総動員体制

沖縄戦は「総動員体制の極限」といわれ、「軍民一体の戦闘」ともいわれてきた。全国で唯一郷土部隊（常駐連隊）をもたず、軍隊や戦争と最も縁遠い地点にあった沖縄がなぜ急速に「軍民一体化」への道をばく進したのだろうか。

源流をたどっていけば、明治以来の皇民化路線につきあたる。そして、県民の皇民化意識が急速に高揚したのが、満州事変から太平洋戦争にいたる時期に大々的に展開された、国民精神総動員運動（精動運動）の影響であった。

大正末期から昭和初期にかけての慢性的不況で沖縄は「ソテツ地獄」にあえいでいた。苦境を脱却するために官民一体となっての沖縄救済論が起こり、ついに帝国議会を動かして一九三三（昭和八）年から「沖縄振興一五カ年計画」が実施された。農村では自力更生運動がはじまり、町内会・部落会―隣組という上意下達の住民統制システムができて、これがのちの精動運動や翼賛運動の実行組織となって、戦時動員で威力を発揮することになる。

一九三七（昭和一二）年七月七日の日中戦争の勃発を契機に、国民精神総動員運動が全国的に展開されたが、沖縄県ではとくに、標準語励行と風俗改良運動に重点が置かれた。方言使用を禁圧し、ユタ（巫女）を取り締り、亀甲墓《かめこう》を廃止し、御嶽《うたき》（拝所）に鳥居を建てて神社とし、冠婚葬祭をヤマト風に改めさせようとした。

県民運動の地域リーダーは在郷軍人と教師と役場職員などであった。学校教師は皇民化教育の担い手として地域社会にも絶大な影響力をもっていた。また軍隊教育の洗礼を受けて皇国思想に染まった在郷軍人は、役場職員や議員、団体役員などの要職につき、皇室尊崇・国体観念と軍国主義を注入する先導者となった。

日中戦争の勃発を境に国内は長期的な戦時体制に突入した。短期決戦で終結すると予想した「事変」は、中国軍民のねばり強い抗日戦にあって長期化した。日中戦争の発端は盧溝橋《ろこうきょう》での両軍の衝突からはじまったとされ、国民には「盧溝橋事件」とだけ知らされていた。この「事件」がまさか八年にもおよぶ泥沼の長期戦になるとは軍部も政府も予想できず、楽観的な観測のもとに国内向けには「事件」という軽い名称でごまかしたのである。

しかし日本軍の中国内陸部への侵攻がエスカレートするにつれて、この戦争の名称は「北支事変」「支那事変」と変えられ、やがて泥沼の長期戦にのめりこんでいった。軍需物資の枯渇に苦しんだ日本軍は南方の資源を狙って米英相手の開戦に突入し、以後、中国大陸戦線と太平洋戦線を総称して「大東亜戦争」と命名した。これが今日いわれる「太平洋戦争」あるいは「アジア太平洋戦争」である。

翌三八年一月、徹底抗戦の構えを見せる国民党政府に手を焼いた近衛内閣は「爾後《じご》国民党政府を相手にせず」と声明を出し、中国政府との和平交渉を打ち切った。日中戦争は泥沼化し、政府と軍部は戦局の新段階に対応すべく軍需動員の本格化を急いだ。国家総力戦の遂行に国内のあらゆるエネルギーを集中するために、経済・社会面の戦時体制への転換が緊要とされ、軍部は各界からの強い反対意見を強引に押し切って、同年四月一日、国家総動員法の公布に踏み切った。これを境に国民生活は戦時統制経済の時代に入ったのである。

国家総動員法はそれまで単発的に出されていた戦時統制法を集大成した上に、さらに物資・資金・労力・物価・言論出版・大衆運動などの統制にも及び、国民生活の末端にいたるまで国家権力の強制力によって戦争遂行に動員するものであった。しかも同法は具体的には随時政府が発する勅令によって無制限に発動されるもので、いわば政府に白紙委任状を与える立法といってよかった。実際に戦局が悪化するにつれて、政府は同法をたてに戦時動員法や勅令等を乱発し、国民生活を塗炭《とたん》の苦しみに追い込んでいったのである。

戦時中七〇件の勅令と三〇〇件以上の経済統制に関する省令が公布されていった。以後、銃後の国民生活は、衣食住にいたるまで国家総力戦の遂行に集中するために強力な統制下に置かれることになった。

政府は国家総動員法にもとづいて年次計画を策定し実施したが、一九三八年度の計画をみると、「長期持久戦時体制の確立」という基本目標のもとに、①物価統制、②消費節約、③輸出振興、④廃品回収、⑤貯蓄徹底、⑥生活簡素化などの十大方策が掲げられており、早くも国民生活は「欲しがりません勝つまでは」の耐乏生活に追い込まれていたことがわかる。以後七年に及ぶ戦時統制経済の拡大強化はやがて国民生活を破滅に追い込むことになる。

国家総動員法の具体化は、「ソテツ地獄」（昭和大不況）からの脱却をめざして「沖縄振興一五カ年計画」を推進中であった沖縄県にも例外を許さなかった。戦時経済の破綻と統制の強化は経済基盤の弱い沖縄県にとくに深刻な影響をもたらした。軍事費の急増により振興事業の予算額は、一九三七年度をピークに年々削減され、おまけに戦時インフレの影響で振興計画関係の予算は空手形になった。

方言撲滅運動

戦時体制を強化するための国民精神総動員運動（精動運動）は、全国的に等しく展開されたが、沖縄県の場合は重点目標に「標準語励行」と「風俗改良」を掲げたところに特色があった。一九三九（昭和一四）年、沖縄県は精動運動の一環として「標準語励行県民運動三カ年計画」を設定し、各市町村に運動要綱にもとづいて十数名の標準語励行委員を配置するように通達した。また県当局は雑誌の広告などに「一億一心言葉は一つ」「一億の心を結ぶ標準語」などの標語を掲げたり、学校や部落会にポスターや冊子などを配布したり、学校教師や励行委員が学校や部落常会などを巡回して、紙芝居やレコードなどで「正しい日本語」の指導を徹底的に実施した。

挙県運動として展開された標準語励行運動の模様を、新聞は次のように報じている。

「沖縄県民の名誉にかけて標準語を徹底的に励行しようと県社会教育課では標準語励行県民運動三カ年計画を樹立し市町村、学校、各団体を総動員して委員会や督励会などを設けて本県最初の標準語励行の一大県民運動を起こすことになったが、各市町村、団体、学校においてもそれぞれ競争的に実施計画を樹立する。しかし県当局では模範とする個人を表彰することになっており、全国的にも珍しい県民運動として早くも注目されている」（『大阪朝日新聞』鹿児島沖縄版・昭和一

罰札として各学級に一枚ずつ用意された方言札。方言を使うと、罰としてこの札を首に下げさせられた。

四年四月二〇日）。

　こうした競争的な標準語励行運動が過熱して、学校では「方言札《ふだ》」が使われるようになり、児童生徒の恐怖のマトになった。

「札」というのは、元来は集落の内法できめられた規則を犯した者に罰札を持たせ、罰札を持った日数に応じて罰金を課するという仕組みであった。家畜を放し飼いにしたり他人の畑を踏み荒らしたり農作物を盗んだりした場合、これを共同体の自治で取り締まる方法として古くからあった罰札制度である。この罰札制度を標準語励行運動に応用したのが「方言札」である。

　方言札は明治・大正時代の皇民化運動の中でも一部で使われていたようだが、これが公然と全県的に猛威をふるうようになったのは、県当局が精動運動に便乗して標準語励行運動を推進したためであった。

学校では競争的に方言の追放に取り組んだ。罰札として各学級に一枚ずつの方言札が用意された。罰札は教師が工夫して作るので形も大きさもさまざまであるが、普通には「方言札」と書いた縦一〇センチ、横五センチほどの木札に紐を通したもので、ふだんはポケットにおさまる大きさだが、罰として立たされるときは首にさげることになる。古来からの慣習で、一枚の札が次ぎ次ぎとまわされていくところに罰札の威力がある。札を持たされた者は早く次の者に渡さないと罰点がたまって教室の前に立たされることになるので、探偵のように犯人探しに歩き回ることになる。ときにはわざとこちらから方言で話しかけて相手をはめて罰札を押しつけるようなこともする。こうした過剰な運動は沖縄語そのものを蔑視したり罪悪視する風潮をあおり、「方言撲滅」どころか、王朝文化の伝統をひく沖縄文化全体を抹殺しかねない様相をおびていた。

こうした異常なまでに加熱した標準語励行運動や風俗改良運動に対して警告を発した人々が現れた。昭和一五年に沖縄を訪れた柳宗悦ら日本民芸協会の会員が機関誌（『月刊民芸』昭和一五年三月号）で次のような発言を行ったのである。

「標準語励行のポスターが各所に貼られている。『いつもはきはき標準語』とか、『一家揃って標準語』とかいうスローガンはわれわれに奇異の感を与えた。……（壮大で美しい墓は）今後新設を禁止してもよかろうが、在来のものを取除かせるのは、沖縄人の信仰生活を傷つけるものである。

……標準語の普及運動は結構だが、少し行きすぎてはいないか。禁止すべきものとしては首里城のコンクリートの柵や万座毛《まんざもう》の鳥居などがある」

明治以来、国策と県是《けんぜ》として強力に押し進めてきた標準語励行（方言撲滅）運動に対する、専門的立場からの公然たる批判がはじめて発せられたのである。民芸協会の発言が、県当局の国策遂行の立場に立った強圧的な方言撲滅運動や沖縄風俗取締運動に対する沖縄県民の暗黙の不満や抵抗、県民の声なき声を代弁して行われたであろうことは想像に難くない。

民芸協会の沖縄文化擁護の立場に立った標準語励行運動に対する批判に、沖縄県は次のような公式の反論を地元三紙に発表した。

「標準語普及運動が軌道に乗り漸く物心両面に黎明が見えつつある時、一方に於て本運動の進展を阻止するが如き見解を発表する向きもあるが、……最近或る有力なる民芸家はその特殊な視点より県の標準語奨励は行きすぎであるとか、伝統的な美や特徴を保存するために、或は将来の日本の日本語の標準決定するためにも標準語奨励は考えものだと述べて居られるが、それは本県振興を衷心念願する者のとらざる所である。

民芸家たちの言われる伝統の美を壊すことなくそれを生かし、更に工夫研究してより偉大なる芸術品を生めとの善意からの批判は県として洵《まこと》に感謝に堪えぬが、本来本県民が優秀なる素質を持ちながら、卑屈だ、引込思案だと言われたり、或は祖先の偉大なる海外発展の進取性を失い、いたずらに消極退嬰《たいえい》となったその最大原因の一つが自己の意志発表に欠くる結果であることを思えば、特質保存だの将来の標準語決定の資料だのとは言って居られない全県民の切実な問題である。……本運動の根本精神を確認し、皇紀二千六百年の挙県運動として所期の目的の達成に更に拍車をかけるべく県としても充分努力を致す覚悟である」

沖縄県の立場には、琉球処分以来の「後進県沖縄」の苦悩がにじみ出ているし、ヤマト化＝近代化という観点に立って「後進県」の汚名を返上しようとする焦燥感があらわれている。これがいわゆる「方言論争」といわれるものの一端だが、論争の決着は戦後の沖縄文化復興期まで待つしかなかった。

風俗改良と改姓運動

沖縄県が、精動運動の中で標準語励行と並んで力をいれたのが風俗改良であった。これも沖縄県だけの特色で、日常生活の中から沖縄独特の風俗を排除して「ヤマト化」を推進してきた明治以来の皇民化教育・同化政策の延長線に立って、挙国一致の精動運動に便乗して一気に沖縄風俗の撲滅まで強行しようとする動きであった。風俗改良のヤリ玉にあげられたのは、墓、ユタ、沖縄芝居、モーアシビー（野遊び）、姓名、豚便所、紅型《びんがた》など数多くあった。

琉球王朝文化の伝統をひく沖縄の土着文化や風俗が戦争遂行の時局にそぐわないものとして排撃のマトになったのである。地方文化の多様性を否定する、上からの国民精神の統合と画一化をめざす運動が、独特の歴史と文化をもつ沖縄を直撃してきたのである。

ユタ（巫女）は、王府から公認されたノロ（祝女）が共同体の祭祀《さいし》を執り行う公的役割をになうのと違って、個人的な悩みごとや法事などの占いや祈祷を引き受ける非公認の宗教活動を行うのでしばしば国の政策と対立し、王府時代からユタ取り締まりが行われてきた。

琉球処分後は政府が推奨する国家神道の普及を妨害する淫祠《いんし》邪宗として警察の弾圧のマトにされたが、戦時体制になるとさらに取り締まりが厳しくなってきた。海外で戦死した兵士の遺家族にとっては、県や村が音頭をとって大々的に執り行われる村葬（合同葬）では満足できず、個人的にユタを頼んで占いをしてもらうと、外地で死ぬことを「スーカーワタイ（潮川渡）」として忌み嫌う沖縄の習慣からして、「戦死者のマブイ（魂）が迷っている」などと判じがでて、あちこちウガン（御願）をしてまわることになる。

戦況が悪化するとともにこのようなユタの活動が目立つようになり、官憲としては戦意高揚の観点からみても無視するわけにいかず、思想取り締まりを管掌する特別高等警察（特高）では、日常的にユタの活動を監視して取り締まった。

一九三八（昭和一三）年には、ユタ一人に賞金二円の懸賞をかけて密告を奨励し、時には一挙に二百数十名を検挙するなどの弾圧が行われた。しかしいかなる強権をもってしても夫や息子を失った女性たちの心の中まで取り締まることは不可能である。戦争末期まで官憲に隠れてユタを買う習慣は続き、遺家族のカウンセラーの役割をはたした。建て前では英霊顕彰の公的儀式に従いながら、本音ではユタに頼らざるを得ないところに、精動運動の限界があった。戦争末期まで官憲に隠れてユタが暗躍したことは、沖縄民衆のささやかな抵抗というべきであろう。

モーアシビー（野遊び）も徹底的な取り締まりの対象になった。若い男女が深夜まで男女混交で遊ぶことは日本的美風にもとることであり、風俗紊乱《びんらん》の温床になる、さらには戦場に出征した勇士たちにも申し訳ないことであり、県あげての食糧増産運動にも支障をきたすというわけで、憲兵や巡査や警防団が夜間巡視をして取り締まりを行った。

しかし青年たちにとっては耐乏生活で娯楽のない時代の楽しみはモーアンビーしかない。月夜の晩などに人里離れた山野や海辺にこっそり集まって、モーアシビーの伝統を守りぬいたという話は各地に残っている。たまたま巡査に見つかると、「出征兵士の壮行会であります」とごまかしたというエピソードもある。ある集落では駐在所の門口にガン（葬具）を横付けして嫌がらせをしたという武勇談も伝わっている。

県当局は沖縄風の墓や葬式の改良にも手をつけた。

一九三九（昭和一四）年五月中旬、本島内の民情視察をした山内警察部長は次のように語った。

「いちじるしく目についたのは山野に四角く見える墓地で、これは衛生、経済、風致保存、消費節約の叫ばれている折、国民精神総動員の建前からも是非改善に乗り出す考えである」（『沖縄日報』）

具体的には、葬式は洗骨《せんこつ》の風習を廃止して本土のように埋葬に改めること、新規に墓を建てるときは地域を指定して大きさも一坪以内に制限することなどと、改善事項を通達した。

墓地改良の真のねらいは、物資不足のもとでの経済的面と、精動運動の一環としての敬神思想の発揚という面があった。当時、県は皇紀二六〇〇年記念事業として護国神社を創建し、市町村にも一村一社運動を奨励していた。神社や鳥居に象徴される国家神道の普及は、国民の精神統合の面からも、戦没兵士の「名誉の戦死」を顕彰する意味からも重視された。こういうヤマト式の英霊思想（靖国思想）の支障となるのがユタと洗骨の風習であったわけで、県当局は警察を動かしてユタ弾圧を行い、巨大墓の撤去を強行しようとしたのである。

さらに、ヤマト化運動の一つに、姓名呼称改正運動があった。沖縄には特殊の姓や独特の読み方の姓が多いので、これを統一しようという運動である。

大工廻（ダクジャク）、保栄茂（ビン）、仲村渠（ナカンダカリ）などは本土の人には難解で読みづらくて、本土ではトラブルや差別のタネになる。また金城（カナグスク・カネシロ・キンジョウ）、新城（アラグスク・シンジョウ・アラシロ）・新垣（アラカチ・アラカキ・シンガキ・ニイガキ）、大城

（オオグスク・オオシロ）などのように、読み方が二通りも三通りもあって、移民先でローマ字で書くと本人か「替え玉」か区別がつかなくてトラブルの原因になる例が多かった。さらに、山入《やまに》端《は》、島袋《しまぶくろ》、喜舎場《きしゃば》、平安山《へんざ》なども本土では馴染みにくい姓であるため、いわれのない差別を受けることがあった。

　こうした難解で珍奇な姓をもつがゆえに最も不便を感じるのは、軍隊や移民や出稼ぎに行った本人であって、これは精動運動などのように国策として上から通達される以前から、沖縄内部からの要求として改正運動の動きがあった。一九三六（昭和一一）年三月に開催された沖縄県初等教育研究会で、「難解な姓名呼称を統一すること」を沖縄教育会へ建議する件が決議されたという新聞記事がある。沖縄教育会ではこれを受けてさっそく「姓の呼称改正に関する審査委員会」をもうけて研究し、三七年に同委員会は読み替えるべき姓として八四例を発表した。たとえば、大城は「オオグスク」から「オオシロ」へ、金城は「カナグスク」又は「カネシロ」から「キンジョウ」へ統一することを勧めている。

　姓の読み方の統一とは別に、沖縄独特の姓をヤマト風に改正しようという運動も起こった。これは、東京在住の沖縄県人で組織する南島文化協会が提唱したもので、沖縄には珍奇で難解な姓名が多く本土では就職や社交のうえで支障をきたすことが多いので、組織的に改姓改名運動を起こそうと沖縄現地に呼びかけてきたのである。姓名改正運動も昭和十年代の風俗改良運動の波にのって、急速に実績をあげることに成功した。たとえば次のような例がみられる。

島袋→島・島田・島副　仲村渠→仲村・中村　小橋川→小川

平安山→平山　平安名→平安　東恩納→東

標準語励行運動も風俗改良運動、姓名改正運動も本来は、明治以来の同化政策・皇民化教育の流れをくむものであったが、「挙国一致・一億一心」のスローガンのもとで進められた戦争協力への国策運動に利用されたのである。

決戦教育と学徒隊・義勇隊

沖縄県は一九三九（昭和一四）年度に戦時体制に即応した「教育綱領」と「社会教育綱領」を策定して戦時下の沖縄教育の目標を定めた。

教育綱領（昭和一四年六月制定）

①国体観念の明徴 ②国語教育の徹底 ③国民体位の向上 ④科学教育の振興 ⑤実践力の強化

社会教育綱領（昭和一四年八月制定）

①国体観念を明徴にし国民精神の昂揚を期す。 ②時局認識を深くし国策遂行の徹底に努む。

③大和協力勤倹力行以て県勢の振興を期す。 ④家族制度の美風を堅持し家庭教育の振興に努

む。⑤体力を錬磨し進取明達の気風を涵養《かんよう》す。

国体観念とは、天皇中心の歴史（皇国史観）を基礎にした国家観で、大正末期から昭和初期に高揚した民主主義、社会主義運動に対抗する形で文部省が推進した教学理論を体系化したものである。この教学理論を全国の教育機関に普及させるために昭和七年に国民精神文化研究所が設立され、沖縄県にも一九三四（昭和九）年に文化講習所が設置された。これ以後沖縄県でも学校教師を対象に国民精神文化講習会（長期・短期）が頻繁に開催され、文部省発行の『国体の本義』をテキストに、「八紘一宇《はっこういちう》の皇国世界観」「国家奉仕を第一義とする国民道徳」「大政翼賛の臣道」などの天皇制イデオロギーの修得と錬成（行）が行われた。学校現場でも、教育勅語の奉読を学校行事の最高のものとし、児童には登校下校時に奉安殿（御真影—天皇皇后の写真を納めたところ）の拝礼を義務づけて、天皇を神聖視する教育が一貫して行われた。沖縄県において明治以来の皇民化教育が頂点に達したのがこの時期の軍国主義教育であった。

国体観念教育の上に軍事色が強調されてくるのが、一九四一（昭和一六）年四月一日の国民学校（初等科六年・高等科二年）の発足である。国民学校令には「国民皆兵の真義に則《のっと》り、軍事的基礎訓練を施し、心身を錬磨して国防能力の涵養に資せし」めると、うたわれている。

折しも日中戦争は泥沼の長期戦になり、人的物的消耗は増大しつつあった。その閉塞状況を打開するために、政府と軍部はついに同年一二月八日に無謀ともいえる対米英戦（太平洋戦争・大東亜戦争）に突入していくのであるが、教育現場もこの戦争政策の拡大に即応する教育を要求されたのである。「国民学校は軍隊教育の場である」とさえ言われるようになった。

国民学校修身教科書に「日本ヨイ国、キヨイ国、世界ニ一ツノ神ノ国。日本ヨイ国、強イ国、世界ニカガヤク、エライ国」という文章があらわれるが、これなどもまさに、軍部がアジア侵略の名分とした大東亜共栄圏構想が教育現場に持ち込まれた一例である。

教育の軍事化は、まず青年学校から顕著にあらわれてきた。青年学校は、一九三五（昭和一〇）年の青年学校令で全国一斉に設立された。元来は上級へ進学しない高等科卒業の勤労青年に職業技術教育と軍事教練をほどこす目的で設置されたものだが、義務制になってからは軍事教育に重点が置かれるようになり、予備軍教育の役割を担うようになってきた。県内では四三年四月からほぼ全域に設置されたが、このころ学校現場では戦意高揚運動が強化され「大桝《おおます》精神顕彰運動」に代表される「決戦教育」が大々的に展開された時期である。

与那国島出身の大桝松市《まついち》陸軍大尉は一九四三（昭和一八）年一月ガダルカナル島戦で壮絶な戦死をとげたので軍人最高の名誉といわれた個人感状を授与され、沖縄の青少年に強烈な感銘を与えたが、県当局はこれを最大限に利用して大桝精神を沖縄県民の「尽忠報国」のシンボルにまつりあげ、各地で各種の大桝精神顕彰運動を展開していった。

国民学校でも高等科からは軍事教育が課された。少年団に編成された生徒たちは学校でも地域でも軍隊式の団体行動をとるように指導された。各部落会や隣保班ごとに編成された少年団が一列縦隊で軍隊式に歩調をとって登下校する姿が見られた。県学務課でも、児童生徒の校外訓練を奨励し、軍隊式に編成された部落単位の少年団の活動を通じて錬成活動を推進するように指導した。

一九四四（昭和一九）年三月、「決戦教育要綱」が決定され、学徒を国民防衛の一翼に組み入れ、軍需生産の現場に送り込む方針が具体化された。学徒勤労動員は全国的なもので、主に軍需工場への勤労動員をねらったものだったが、沖縄の場合は同年春に沖縄守備軍（第三二軍）が編成され、五月からは飛行場整備部隊による飛行場建設と陣地構築が全県で一斉にはじまったので、児童生徒たちは学徒勤労動員の最先端に立たされることになった。

さらに戦局が風雲急を告げる四五年初頭からは、武部隊《たけ》（第九師団）なきあとの空白を埋めるべく根こそぎ動員が行われ、師範学校上級生のうち兵役適齢に達した者は、現地召集の初年兵としてただちに守備軍の部隊に入隊し、中学校上級生は鉄血勤皇隊を編成して実戦部隊への入隊に備え、下級生は通信隊に配属、さらに高等女学校の生徒たちは速成の看護訓練を受けて陸軍病院や実戦部隊の野戦病院へ補助看護婦として入隊していった。

皇軍との遭遇

一九四四（昭和一九）年夏。沖縄の一般県民がはじめて皇軍の戦闘部隊と遭遇した歴史的な瞬間であった。

同年七月、「友軍の兵隊さん」がわが村にやってきた時の光景は、私の人生のもっとも早い時期の記憶として鮮明に残っている。私は五歳になったばかりで、幼稚園に通っていた。

玉城《たまぐすく》村百名《ひやくな》のわが家の前を郡道が通っていた。沖縄本島南端の島尻郡を海岸線に沿ってぐるっと回る幹線道路だ。路面はサンゴ石灰岩の石粉で覆われ白くまばゆい一本の帯になって摩文仁《まぶに》岬の方から海端の農村と漁村をつないでいた。三間幅の石粉道路はムラの子どもたちの格好の遊び場だった。子どもたちは道路の真ん中をおおっぴらに占領して、チャンバラ、兵隊ごっこ、ケンケン、陣取り、石合戦などでのどかな日々を遊び暮らしていた。通るのは砂糖樽や農産物や薪や肥桶などを積んだ荷馬車と、往診に通う村医者の乗馬ぐらいのものだった。以前は県営鉄道の稲嶺駅までバスが運行していたそうだが、支那事変（日中戦争）で石油が不足したため木炭バスに取って代わられ、やがて大東亜戦争（太平洋戦争）へと拡大して物資統制がきびしくなると、自動車はすべて姿を消してしまった。だから、道路は子どもの遊び場のようなものだった。はだしで走り回った白い道路は「イモとハダシの時代」といわれた時代の、戦争とも軍隊とも最も縁遠い島だった沖縄の、最後の原風景であったわけだ。

四四年七月のある暑い日、郡道から白い砂ぼこりをたてて、「友軍の兵隊さん」の隊列が軍歌を歌いながらわが村へ「進駐」してきた。あとで調べてみると第九師団（武部隊《たけ》）の第七連隊が那覇港に上陸したのが七月一一日、部隊はただちに島尻地区に配備されたというから、おそらくその直後のことであろう。沖縄戦がはじまる八カ月前のことである。「友軍」といい「進駐」といいおかしな表現だが、当時はそういう軍隊用語が流行した。「進駐」とは無防備地帯にはじめて戦闘部隊を進めるという意味だったのだろうか。

今にして思えば、武部隊の第七連隊といえば、上海事変や南京攻略の主役をつとめた精鋭として「勇名」を轟かせていた部隊であった。中国大陸の戦塵の中で南京大虐殺などの地獄の光景を見てきた兵士たちの胸中には複雑な想いも秘められていたのかも知れないが、はるばる中国大陸から移駐してきた「歴戦の勇士たち」の到来に、村中が感激したことはいうまでもない。それまで無防備に近かった沖縄に、最精鋭の戦闘部隊が配備されることを沖縄県民はどんなに心強く思ったことであろう（その熱い期待は半年もたたないうちに裏切られることになるのだが）。

村の婦人会がアマガシ（ぜんざい）の炊き出しをやって歓迎した先遣隊は、村建ての神さまを祀ったお宮の瓦家に駐屯した。そこは私たちの園舎だったのだが、幼稚園は村屋（字事務所《あざ》）に移された。続いて、役場所在地の富里《ふさと》にあった国民学校（小学校）にも部隊本部が駐屯したので、学校の授業も各字（集落）ごとに分散して村屋で行われるようになった。分散授業といっても、やがて先生たちも三年生以上の生徒たちも陣地構築作業に動員されていったので、学校はいつの間にか閉校状態になってしまい、少国民といわれたわれわれ下級の子どもたちも作業現場が遊び場になった。

わが村に駐屯した分隊は朝夕軍隊ラッパを鳴らして点呼を行っていた。戦争も軍隊も知らなかったムラ人たちの暮らしの中に、軍隊ラッパが生活のリズムを刻むようになった。やがて県道を軍用トラックや戦車が通るようになり、路上での遊びは禁止になったが、子どもたちには県道での兵隊ごっこよりも、本物の兵隊さんを見物するほうが刺激的だった。わが村の本当の戦時生活はこの頃からはじまったとみてよい。私の幼児体験の刻まれた軍隊のイメージは、軍靴の皮のにおいと、炊き出しのアマガシの甘いにおいと、軍隊ラッパの響きからはじまっている。

先遣隊に続いて玉城《たまぐすく》国民学校に第一五大隊（飯田大隊長）の本部が到着、各字《あざ》に中隊が配置された。百名《ひやくな》・仲村渠《なかんだかり》には第一中隊（出村中隊長）が置かれ、赤瓦の大きな家の一番座はほとんど兵隊たちに占領された。部隊の到着までに兵舎を準備する時間的な余裕がなかったのであろう。だが、私のかすかな印象では、上座を占領された家主たちは文句をたれるどころか、むしろ名誉に思って献身的に奉仕をした。

帝国陸軍の精鋭部隊が配備されたということは、沖縄県にとっては、歴史的とでもいうべき特別な意味があった。第三二軍（沖縄守備軍）が創設されるまで沖縄県は常備軍が置かれない唯一の県であった。厳密にいえば、沖縄に軍隊が駐屯したことがまったくなかったわけではない。一八七九（明治一二）年の琉球処分のさいに、処分官・松田道之が引き連れてきた熊本鎮台分遣隊四〇〇名は廃藩置県が完了した後もそのまま滞留して、尚泰王が明け渡した首里城に駐屯した。置県後も日本への帰属に反対する親清派がひそかに活動していたから、これににらみをきかせるねらいであったのだろう。

やがて明治二七年の日清戦争で日本が勝利すると、親清派は途端になりをひそめ、世情は急速にヤマト化へと傾いていった。この変化をみて第六師団分遣隊と改称していた首里城の駐屯部隊も、明治二九年には本拠地の熊本へ引き揚げていき、以来、沖縄県は軍備の空白地帯として放置されてきた。帝国の南辺の守りは、日清戦争で手に入れた台湾に第一〇軍という強力な部隊を配置してあるから、粟粒ほどの島嶼に部隊を配備する必要もなかったのであろう。

沖縄県の軍備は「軍馬一頭」とからかわれた。沖縄連隊区司令部の司令官の乗馬のことである。形だけは那覇市に第六師団（熊本師団）に属する連隊区司令部というのが設置されていたが、徴兵事務と在郷軍人会の世話をするのが任務で、肝心の郷土部隊（たとえば那覇連隊）は編成されなかった。だから、徴兵検査で合格した沖縄出身の新兵たちは、遠く海を渡って九州各県の部隊（連隊）

に入営して、きびしい初年兵教育を受けねばならなかった。居候同然の肩身の狭さや訓練のきびしさもさることながら、軍隊生活でいちばん苦労したのは言葉の問題だった。薩摩弁や熊本弁が難解というより、もともと日本語の会話が苦手なのである。教科書で覚えた読み書きと日常会話のウチナー口《ぐち》（琉球方言）はあまりにもかけはなれているので、自分の意思を標準語で表現するのはかなりの難業だった。まごまごしているとビンタがとんできた。中には言葉の壁に苦しんだあげく首をつった新兵もいたという。

なぜ沖縄に郷土部隊は置かれなかったかといえば、複雑な背景が考えられるが、一言でいってしまえば、要するに沖縄県民がまだ一人前の日本国民として認めらなかったということであろう。富国強兵を国是《こくぜ》とする軍国日本にあって、郷土部隊のない沖縄県民はどれほどみじめな思いをしたことか。沖縄県はいくどか政府に常設部隊の設置を要請したが、ことごとく黙殺されてきた。「後進県沖縄」というレッテルを貼られて、軍備の面でも一人前とみなされない沖縄人の屈辱感と劣等感はいかほどのものであったろう。

そこへ、サイパン玉砕の報に続いて、はるばる沖縄入りした武部隊の兵士たちの勇姿は県民に大きな安心と感激をもたらしたのだった。「天皇陛下は沖縄を見捨てられてない」という思いは、天皇の軍隊に対する親和力となって軍官民を一体化させた。ある意味で、武部隊が駐屯したこの数カ月間はヤマトへの同化と皇民化が最高潮に達したハネムーン（蜜月）というべきであっただろう。

われわれ幼い少国民たちも、軍官民一体化の熱狂の中にひたっていた。ただ、すぐにも実弾演習で無敵皇軍の実力を見せてくれるものとばかり期待していたが、これは少し期待はずれだった。戦闘部隊とはいっても、部隊の第一の任務は陣地構築（陣地づくり）であった。百名浦を見渡す段丘の崖の上に高射砲や機関銃の陣地が建設されつつあった。

役場から割り当てられる勤労動員は、飛行場建設と陣地構築の二通りあった。飛行場建設への勤労動員は五月ごろからはじまっており、主に小禄《おろく》海軍飛行場、西原飛行場、嘉手納飛行場などへの勤労動員の人数が、村役場に割りあてられてきた。一五歳から五〇歳までの健康な男女は二週間交代で村から出かけていった。青壮年の男たちが兵役にとられたあとの勤労動員だから、ムラの中は年寄りと子どもだけになってしまった。

サイパン玉砕と沖縄の命運

沖縄（および南西諸島）の各地に十数個の飛行場を建設するという計画はにわかに決まったことだった。それまでは南西諸島には軍隊もなければ軍事基地らしいものもほとんどなかった。わずかに、一九四一（昭和一六）年夏、太平洋戦争の開戦の直前に奄美と中城湾《なかぐすく》（沖縄本島）と船浮《ふなうき》湾（西表島）に、南方航路を支援するための要塞が建設されたのが唯一の軍事施設だった。

ところが、ミッドウェー海戦（一九四二年六月）とガダルカナル島作戦（一九四三年二月）の敗北の後、空白地帯だった南西諸島が脚光を浴びるきっかけになった。破竹の勢いで反攻してくる米英軍の航空戦力に対抗するために沖縄・奄美の島々に航空基地を急造して制空権を奪還するという作戦である。いわば南西諸島が「不沈空母」の役割を担わされたのである。第三二軍はそのためにわかに編成されたのであり、四月から五月にかけて配備された部隊は、飛行場建設部隊が中心だったのである。だから五月ごろからはじまった勤労動員は、「不沈空母」建設のための動員だったのだ。

ところがここにまた、戦況の悪化によって沖縄の前途に暗雲がせまってきたのである。

一九四四（昭和一九）年六月、サイパン島の日本守備軍は圧倒的な米軍の攻撃を受けていたが、七月初旬には「サイパン玉砕」の報が沖縄にも伝わってきた。サイパン島は沖縄からの出稼ぎ移住者が最も多いところで、邦人約二万六〇〇〇人のうち沖縄出身者が約七割を占めていた。サイパン玉砕の情報は沖縄にもいち早く伝わり、誰言うことなく「つぎは沖縄だ」という噂が流れていた。その噂はウワサにとどまらなかった。大本営（戦時に設けられる天皇直轄の陸海軍合同の最高戦争指導部）でも、「次は沖縄だ」と判断して、沖縄守備軍を航空基地の守備だけでなく、サイパンのような大規模な地上戦闘を想定して増強する方針に作戦計画を転換した。南西諸島が日本本土の防波堤として地上決戦の最前線に位置づけられたのはこの時からである。

大本営が絶対国防圏の最前線に設定したマリアナ諸島のサイパン島に米軍が上陸してきたのが一九四四年六月一五日。住民を巻き込んでの激しい地上戦闘の末に七月初旬に日本軍はほぼ全滅した。いわゆる〝サイパン玉砕〟は、やがて迫りくる沖縄戦の悪夢の予兆だった。「住民を巻き込んでの激しい地上戦闘」という点でも相似しているし、その住民の大多数が沖縄出身の南洋開拓移住者であったことも、県民に大きなショックをもたらした。さらには、約一万人におよぶ一般住民の犠牲者の死にざまが、島嶼戦における住民の運命を予言していた。私が編集を担当した『沖縄県史10巻・沖縄戦記録②』には、特別編としてサイパン戦の記録を掲載したが、ある沖縄出身者の証言記録には次のような場面が描かれている。

「サイパンでの戦争では住民の自決が非常に多かった。住民の自決がはじまったのはカナベルあたりまで追いつめられた頃からでした。崖から飛び降りる家族、手榴弾で一瞬にして一家全滅する家族が相次ぎました。飲まず食わずの避難生活が非常に苦しく、幼な子を抱えた避難民には日本兵がとても恐ろしかった。小便や海水を飲まされた子どもが苦しくて泣くと、日本兵が家族の目の前で日本刀でその首を切り落としてしまうので、どうせ殺されるのなら親の手で殺した方がよいということで、わが子の口と鼻を抑えつけて次々殺していくのを見ました。バナデル海岸には一家全滅の死体がゴロゴロしているのを見ました」（長堂松次郎・四〇歳）

「自決」「手榴弾」「日本刀」「幼な子」「一家全滅」「日本兵」などの単語は、やがて沖縄戦で再現される悲劇のキーワードであった。

「ぼくは軍人大好きだ」

地上戦闘に備えた精鋭部隊の駐屯によってわが村の住民が目の色をかえたのは、サイパン玉砕の悲報に続いて、「次は沖縄だ」という言葉が切実に響いたからにほかならない。

子どもの目にもオトナたちの異様に緊張し高揚した表情が感じ取られた。戦争というものは、ある面で人々を高揚させ団結させ異常な力を発揮させる魔力をもっている。最近、有事法制の議論に加わったある政治家が、「戦争中は全国民が一致団結し愛国心に燃えていた」と賛美する発言をしていたが、たしかに一面の事実ではあろうが、その結果どのような惨劇を引き起こしたかということまでなぜ言及しようとしないのか、なぜそこまで思いがおよばないのか不思議でならなかった。ともあれ、決戦前夜のあのころ五歳児の私までが、ある種の高揚感や陶酔感にひたっていたことは、次のような「楽しい思い出」からしても否定できない。

地上戦闘に備えた部隊の駐屯で、わが村は異様な興奮と苛酷な労働の日々がはじまった。

部隊は早朝の起床ラッパで活動を開始して、夕方まで陣地構築の突貫作業が進められていた。

兵隊だけではない。村の男女青年団、青年学校生、婦人会、そして国民学校の上級生までかり出して軍民一体の共同作業だった。朝五時のラッパで起床して六時半まで畑で朝起き作業、婦人会と女子青年団は交代で部隊の炊事班に通っていた。

「サイパンの次は沖縄だ」という張りつめた空気の中で、軍民一体となっての突貫作業が続いた。足腰の立つ村民は根こそぎかり出された。国民学校の生徒まで土運びに動員された。われわれ幼稚園生まで松の皮むきの手伝いに参加した。

陣地構築と並行して避難壕の整備も進められた。村役場では、敵上陸に備えて各集落に避難壕を指定してあった。サンゴ礁台地の地下には無数のガマ（鍾乳洞）が散らばっていたから、それらを整備して長期の避難生活に耐えられるような準備をするように指示された。わが家の近くにコンマーアブという大きなガマがあったが、私の一家はそこへ入る予定で整備作業にかり出された。ガマは昔は風葬墓に利用されたりして、ふだんはめったに近づかない暗黒の空間であるが、サイパン戦での艦砲射撃の話などを聞くと、これまで各家庭の屋敷に形ばかり造ってあった防空壕など役に立たないとわかって、ガマが避難壕に利用されることになったのだ。

コンマーアブは奥行きが四、五百メートルもある細長い洞窟で、タテ穴から下りていった入口近くの広場に、雨戸やムシロなどで床をこしらえて寝起きができるように整備された。水汲み場やカマドや便所などもこしらえて、百名ぐらいの住民が数カ月も暮らせるような設備ができていた。避難壕の整備は部隊の陣地作業とは別で、毎月八日の東亜奉公日（太平洋戦争がはじまった一二月八日の記念日）の共同作業として行われていたので、私なども洞窟の中に入って遊び半分で作業の手伝いをした。

農家の主婦たちには陣地作業の重労働のほかに、部隊の食糧をまかなう食糧供出という負担が割り当てられた。部隊本部からは毎日のように区長に供出の要請がくる。野菜、米、大豆、芋（甘藷）などがサーターヤー（製糖場）の広場に集められた。

今でも記憶に残る一場の光景がある。わが家の豚がとうとう供出にとられてしまったのだ。正月用の豚として母が丹精して育てていた黒豚だった。正月までに戦争はどうなるかわからないと、区長さんに説得されて供出に応じたのだった。馬車で屠殺場へ運ばれていく豚を泣き顔で見送ったのを思い出す。数日して供出豚の代償として脂肉が送られてきた。脂肪の部分は兵隊の食用には不向きだから、飼い主の家庭用として特別に配給されたのだった。

夕方、作業を終えた兵隊たちがお宮の庭に帰ってくる。お宮の庭は部隊が来る前は幼稚園の庭だった。幼稚園といっても、正確には総動員体制の中から生まれた義勇保育所であったと思われる。一九四二年夏ごろから戦時食糧増産に追われる農家の主婦たちの支援活動として、各区に義勇保育所が開設されたという記録がある。女学校や女子青年団のお姉さんたちが各区を受け持って、紙芝居や唱歌や遊技などで子どもたちの面倒をみていた。先生の顔も名前も忘れてしまったが、不思議と唱歌と軍歌だけは今でもよく覚えている。唱歌にしても軍歌にしても、当時の沖縄では一種の標準語教育の便法でもあった。当時の沖縄では家庭でも村社会でもヤマト口《ぐち》（標準語・普通語・共通語）を使うことはほとんどなく、標準語を習うのは学校へ入学してからだった。だから一年生の授業では先生も方言と標準語を半々に使い分けながら、標準語に慣らしていかなければならなかった。これを補うのが幼稚園での唱歌だった。唱歌の歌詞でわれわれははじめて日本語というものになじんでいくのであった。

私が最初に覚えた歌は、まさに軍国主義時代の教育の見本のような歌だった。

ぼくは軍人大好きだ
今に大きくなったなら
勲章つけて剣さげて
お馬に乗ってはいどうどう

次に教わったのは、戦時下の時局を反映した実用的な歌だった。

空襲警報きこえてきたら
今はぼくらは小さいから
大人のいうことよく聞いて
あわてないで、さわがないで、落ちついて

入っていましょう防空壕

私はこの歌をうたうたびに、村はずれに避難壕として整備していたコンマーアブのガマのことを頭に思いうかべて、あんな暗くてジメジメした場所にいつまでジッとしておれるだろうかと、心細くなったものである。

幼稚園で覚えた歌はこの二つだけだが、ほかにもこのころ覚えた歌は、軍歌とか軍国歌謡といわれるもので兵隊さんから教わったものだった。全島要塞化が進められて、女学校のお姉さんたちも飛行場建設や陣地構築に動員されたので、幼稚園はいつしか雲散霧消してしまった。かわりにわれわれ幼稚園児の絶好の遊び場は兵営になったお宮の庭だった。夕暮れ、陣地作業や戦闘訓練から帰ってきた兵隊たちはお宮の庭に円陣を組んで軍人勅諭を唱えたり軍歌を斉唱したりしていた。毎日くりかえされる軍隊生活の儀式を遠巻きに眺めながら、われわれも自然に軍人勅諭や軍歌を覚えた。わずか数カ月の皇軍との接触であったが、あのころ幼い脳裏に刷り込まれた軍歌や軍人勅諭などはいまでもほとんど諳《そら》んじることができる。

長じて軍歌ぎらいになって人前で歌ったことなどないが、心の中で暗唱しながら軍国主義教育の影響の恐ろしさを考えることがある。

玉砕の歌・死の美学

幼い脳裏に刷り込まれた数々の軍歌の中で、いまでも解せない歌詞がいくつかある。一つは「露営《ろえい》の歌」の次の一節である。

弾丸《たま》もタンクも銃剣も
しばし露営の草まくら
夢に出てきた父上に
死んで還《かえ》れと励まされ
さめて睨《にら》むは敵の空　（藪内喜一郎作詞「露営の歌」）

シンデカエレ、という意味が幼心にも妙にひっかかっていたが、この後味の悪さは今でも消化できないままである。

考えてみれば、兵隊たちに「死んで還れ」と励ましているのは、父親ではなくて、この歌の作詞家なのである。私がいまなお心にひっかかったのは、こんな残酷で愚劣な歌詞をこしらえた作詞家の荒廃した心象である。あるいは、これらの歌を歌った兵士や兵士の父母や、あるいは若い妻や幼子たちは、どこまで本気でこのように歌い、日の丸の小旗を振ったのであろうか。「あのころはそういう時代だったから仕方なかった」という言葉は何度も聞かされたが、「どこまで本気だったか」という疑問は今なお解けてない。

似たような歌をもう一つ思い出した。

あゝあの顔で　あの声で
手柄たのむと　妻や子が
ちぎれる程に　振った旗
遠い雲間に　また浮かぶ　（野村俊夫作詞「暁に祈る」）

婦人会のおばさんたちが村屋《ムラヤー》（公民館）で縄づくりの奉仕作業をやりながら合唱していた歌である。新聞も読めない無学の母も楽しそうに歌っていたが、あるときポツリともらしたのを覚えている。「あんな歌、みんなウソだよ。ほんとは、顔で笑って心で泣いて…」

大人になってこの歌詞を読み返して、母が言っていた意味がわかったような気がした。戦場に赴《おもむ》く（出征といった）兵士に向かって、手柄を立てて来いと願う妻や子がどこにいるだろうか。言いたい言葉はただ一つ、「無事に帰っておいで」しかないはずである。沖縄でもこのころ軍国民謡がはやったが、さすがに皇室観念や忠誠心が乏しいとけなされた沖縄だけあって、出征兵士を見送る歌にも真情はあふれている。

涙より他に　云言葉《いくとば》や無さみ

さらば明日の日に　別れと思みば

此二人は　如何がすら　（普久原朝喜「軍人節」）

＝涙のほかにいう言葉もありません。明日はいよいよお別れと思えば、私たち二人はこれからどうなっていくのでしょう。

二つの軍国歌謡を比べてみると、天皇中心の超国家主義というものが、どれほど個人の人間性を犠牲にして成り立っているかが見えてくるような気がする。このような滅私奉公の思想の極点を示す歌が、私もよく歌わされた「海行かば」であった。

海行かば　水漬《みづ》くかばね

山行かば　草むすかばね

大君《おおきみ》の　辺《へ》にこそ死なめ　かえりみはせじ

この歌は戦時中しきりにラジオから流れてきた歌である。おぼろな記憶では、一九四五年六月下旬、熊本県阿蘇の山村の疎開地で〝沖縄玉砕〟のニュースを聞いたときとダブッて思い出される。母親たちの嗚咽と涙とともに流れた曲である。

「海行かば」は、万葉歌人の大伴家持《やかもち》の和歌に信時潔《のぶとき》が曲をつけたもので、はじめは陸海軍の礼式歌として、戦死者の葬送や厳粛な儀式の場で演奏されたものであったが、太平洋戦争に突入し大本営発表の重大ニュースがラジオを通じて頻繁に茶の間に流れるようになった一九四二年、大政翼賛会がこの歌曲を「君が代」につぐ第二国民歌に指定している。「かばね」とは「屍」のことで、山や海に散乱した兵士たちの死体のことである。酸鼻をきわめた死屍累々の光景が、家持の歌になり信時の荘重をきわめた曲にのせて歌われると、日本人のおおかたは感激の涙を流して愛唱したのである。ここには日本人特有の「死の美学」が働いているように思われる。

たとえば、沖縄近海に消えていった特攻機について語るとき、私がどうしても承服できないのは、「咲いた花なら散るのは覚悟　みごと散りましょ　国のため」（同期の桜・西条八十作詞）と歌い、日本人好みのパッと咲いてパッと散る山桜の散りぎわの潔さに昇華してしまう、武士道文化の「死の美学」のことである。

私からみれば、あまりに残酷で非人道的な特攻作戦をも、山桜のイメージにすりかえて美化することによって、誰が特攻作戦を編み出し、誰が終戦の日まで送り続けたのか、という根本的な責任問題をあいまいにしてしまったのではないか。特攻機の墓場ともいうべき沖縄の海にキリモミして墜落していく機影の末路を目撃した人々は、目を閉じて手を合わせ、「もう来ないでくれ、もう来ないでくれ」と唱えていたのである。安全地帯から見送った視線と地獄の戦場で見届けた視線と、どちらが真実をとらえていただろうか。

戦史に前例のない残酷無慈悲な特攻作戦さえも、若者たちの「殉国の至情」にすりかえて、結局、責任の所在をあいまいにし、軍部の責任を免罪してしまう精神構造は、沖縄住民の「集団自決」を「崇高なる犠牲的精神」などとたたえることによって、軍の関与を否定しようとする防衛庁版戦史の筆法とまったく同根のものではないか。

沖縄にはもともと「死の美学」の伝統はなかった。一六〇九（慶長一四）年に、薩摩の支配下に置かれてからは士族の帯刀は禁止され、武士道などが発達する文化的土壌が育たなかった。「武器なき国」といわれた琉球では、中国文化の影響もあって、武は文よりも軽んじられ、首里王府の中でも武官は文官よりも官位が低かった。俗に、中国を「書の国」、日本を「刀の国」、琉球を「三線《さんしん》の国」とたとえる話があるが、琉球を三線の国と称するのは、卑下でも揶揄でもない。音楽を尊ぶ価値観は儒教の礼楽思想に由来するものであって、孔子・孟子の教えからすれば音楽は高貴な君子のたしなみである。琉球王府でもこの思想を受け継いで歌三線は国王はじめ貴族・士族の必修とされていたのである。

このようなヤマトとウチナーの美意識・価値観・死生観の違いは、明治以来の同化政策や皇民化教育をもってしても容易に埋まるものではなく、人々の意識の基層に温存されていて、ちょうど大陸プレートの接点に蓄積されたストレスが、何かのきっかけで地震を引き起こすように、沖縄では戦場での軍民衝突という形で悲劇的な破局にいたるのである。

「沖縄人は皆スパイだ!」

南部島尻地区への武《たけ》部隊の配備は、敵が港川を中心とする具志頭《ぐしちゃん》―玉城《たまぐすく》の海岸線に上陸してくることを想定した布陣であった。米軍は南方戦線での経験から、サンゴ礁の遠浅の海岸線に囲まれた島嶼戦に備えた新兵器と新戦法を用意していた。はじめに強烈な艦砲射撃で海岸線の防御陣地をたたき、ナパーム弾で防潮林を焼き払い、水陸両用戦車を並べて短時間で上陸を決行し、洞窟やトーチカにたてこもる日本兵を火炎放射で焼き殺していくという戦法が、サイパン島などで威力を発揮していた。大本営はマリアナ諸島での戦訓を踏まえて、「島嶼守備要領」を作成して南西諸島や台湾、フィリピンの部隊に、「猛烈な艦砲射撃にも耐えられるような堅固な陣地壕を構築すること」という命令を通達してきた。わが百名集落に「進駐」してきた武部隊が、まっさきに集落の東西のワイトゥイ（割取）でガマ（洞窟）を利用した陣地壕の構築をはじめたのはこのためだった。沖縄守備軍は飛行場建設のほかに「全島要塞化」という新たな任務を与えられて超多忙になった。

作戦計画の変更で、にわかに大部隊を受け入れることになった村々では、一万三千余の兵員を収容できる施設はどこにもなく、また兵舎を新設するだけの時間と資材の余裕もほとんどなかった。結局、学校や村屋（字事務所）や製糖場などの公共施設を占領し、それでも足りずに民家の一番座や離れを接収して兵営とするほかなかった。大きな瓦家の一番座を占領された家族は、二番座と台所の片隅に追いやられ、ふすま一枚をへだてて五人から一〇人の兵隊たちと雑居しなければならなくなった。こうした軍民雑居の状態が摩擦を引き起こさないはずはない。風紀の乱れはいうまでもないが、軍が最も警戒したのは、「軍機」すなわち軍事機密の漏洩《ろうえい》であった。

本来、軍隊というのは軍事機密の漏洩を防ぐために地方人（民間人のこと）を、軍の施設に近づけないのが原則であった。軍民雑居の状態でこの原則が守れるはずはない。軍事施設に近づけないどころか、施設（陣地）そのものを住民がいっしょになって築いているのである。陣地の位置も規模も、武器弾薬の種類や数量も、守備隊の編成も指揮官の名前も、すべて軍の機密に属することがらであるから、民間人に知られてはならない軍機であるはずである。沖縄住民は誰もが否おうなく知ってはならない秘密を知ってしまったのである。

軍は、このジレンマをカバーするために、県と協力して防諜対策を徹底させた。部落常会の集まりなどには、とくにこのことが注意された。軍のことはたとえ家族にでももらしてはならない、軍の機密を語る者は間諜（スパイ）とみなされて処刑されると、注意された。実際に、部隊が駐屯している集落では憲兵（軍の警察）が夜まわりをして、挙動の怪しい者を摘発していた。

村屋（字事務所）には県庁から配られた様々な戦時ポスターが貼ってあった。「一億一心・尽忠報国」「捧げよ感謝守れよ銃後」「一本の釘も粗末にするな」「ぜいたくは敵だ！」「欲しがりません勝つまでは」などなど、尋常小学校の教養しかない母までがお経を詠むように、これらの難しいヤマト口《ぐち》の標語をそらんじていた。中でも「軍機を語るな」とか「壁に耳あり障子に目あり」といった防諜標語は五歳児の私なども覚えるまでに徹底されていた。隣組の集まりなどでも、あやしい行動はスパイ容疑として、ただちに報告するように指導が行われていた。

沖縄県が発行した防諜対策のポスター

　戦時体制になると全国で町内会―部落常会―隣組の上意下達の組織が張り巡らされて、配給でも共同作業でも防空演習でも、隣組を離れては暮らしていけない網の目にがんじがらめになっていたが、隣組の役割として「相互監視」というスパイ狩りの役目があった。軍の悪口をささやいたり、部隊の供出命令を拒んだり、サイパン玉砕の負け戦の話などを大声ですると、厭戦気分をあおるスパイだとか非国民だとかレッテルをはられて、常会でつるしあげられたり憲兵に通報される場合もあった。

　戦況はかんばしくなく、緒戦の連戦戦勝の景気のいいニュースはほとんど聞かれなくなり、「海ゆかば」の悲壮なメロディーとともに玉砕のニュースなどが流れてくると、内心の不安や不満をおしかくして、人々は殺気をおびた空元《から》気を出して軍民一体の勤労奉仕作業に熱中する一方で、内心の不満を「防諜」という名のスパイ狩りにはけ口を求めていたようである。運命共同体の隣組の仲間でさえ、疑心暗鬼を生むような空気がただよっていた。

住民のスパイ取り締まりを行う秘密組織も編成されていた。「国頭《くにがみ》国士隊」の秘密文書によると、ふだんから地域住民の動静をひそかに監視して、次のような疑わしい異分子がある場合はただちに駐屯部隊に報告するように指示して、①反軍・反官的分子、②外国帰朝者特に二世、三世にして反軍反官的言動をなす者、③反戦厭戦気運を醸成する者、④キリスト教信者、⑤一般住民の不平不満言動の有無、などと具体例まで示している。お上や部隊に不平不満をこぼす者は、ただちにスパイ容疑者として通報される仕組みができていたのだ。国頭国士隊の防諜網が実際に機能していた証拠に、本部半島で米軍に射殺された日本軍将校のポケットから百名前後の要注意人物の氏名を記したリストが出てきたという。

戦場で多発した「スパイ狩り」という忌まわしい事件は、戦場のパニック状態が引き起こした偶発的な事件というよりも、はじめから軍の沖縄県民に対する偏見と不信の意識に根ざしたものであったのであろう。

スパイ狩りといえば、私にもかすかな記憶がある。

ある夜、村屋での常会が遅くなって母におぶわれて帰ってくると、誰もいないはずの台所の雨戸が開いている。中をのぞくと誰かが暗い土間にうずくまって、もそもそ動いている。母はただちに大声をあげて隣組の人たちを呼び集めた。たちまち五、六人の警防団の小父さんたちが竹槍をもって駆けつけてきた。非常用の懐中電灯で照らしてみると、乞食のような格好をした男が鍋の中のジューシーメー（おじや）を手づかみで食っている。時は非常時体制のさなかである。警防団の人たちはその闖入《ちんにゅう》者をただの乞食とは思わなかったようだ。「スパイだろう！　スパイだろう！」と怒鳴りながら、竹槍で乞食風の男を取り囲んで冨里の憲兵詰め所まで連行していった。結末がどうなったかは知らないが、私はそれ以後スパイと聞くと、顔中ヒゲだらけの恐ろしい人相の男を思い浮かべるようになった。本当はただの浮浪者であったかも知れないのだが。

ところが、まもなくもう一件のスパイ事件が身近で発生した。崖下の新原《ミーバル》の浜でスパイが捕まって、加茶原《カチャバル》ヤードゥイ（屋取＝移住集落）に駐屯している小野寺中隊の本部（民家）に連行されたという話が聞こえてきた。百名少年団の子どもたちが見物に押しかけて行ったが、あっさり追い払われてしまった。大人たちも屋敷内への立ち入りは禁止されたので石垣ごしにのぞき見するしかなかったが、一人の見知らぬ中年男が手足をしばられ、腰は軒柱にしばりつけられ、身体中傷だらけで口から血を流して、ぐったりとうつむいていたという。多分きつい拷問を受けたのだろうという噂だった。その男がなぜ捕まったのか、その後どうなったのか、村の人は誰一人知らされなかったという。まさに「軍機を語るな」というオキテが人々の口を重くしていた。

われわれ田舎の少国民の間にも、防諜思想（スパイ狩り）は浸透していた。県内にも敵のスパイが侵入しているというのである。敵スパイは手鏡と白いハンカチをかくし持った若い女性で、敵機が現れると鏡と白いハンカチで友軍の陣地へ誘導するというのである。

今から思えば、これらのスパイ狩りに関する様々な知識や情報は、沖縄に移駐してきた戦闘部隊が占領地から持ち込んできたものであろう。中国戦線で中国人民の抗日ゲリラに悩まされた経験が、民間人不信のトラウマとなって沖縄に持ち込まれてきたに違いない。

もともと軍部の沖縄観には、中国と沖縄との歴史的な関係に偏見をもつ傾向があった。琉球王国は長く「日支両属」の歴史を経てきているので、今日の県民意識にも、皇国への忠誠心が弱く強大な勢力になびきがちな事大主義の傾向が強いと警告した報告書も残っている。住民の生活風俗をみても中国文化の影響が濃厚に残っている。第一印象からして中国戦線を経験した将兵たちが、沖縄県民に向ける眼に一種の警戒感があったであろうことは、陣中日誌などの記述にも散見される。

軍の潜在的な猜疑心が、やがて地上戦の混乱状態の中で「沖縄人は皆スパイだ」という暴言に発展し、すでに各地でスパイ容疑を口実にした住民虐殺（処刑）が散発していた。

知念村住民虐殺事件

日本兵による住民虐殺の典型的な事件としては久米島住民虐殺事件、大宜味《おおぎみ》村渡野喜屋《とのきや》避難民虐殺事件、糸数《いとかず》壕住民虐殺事件などが一般に知られているが、わが村が戦場になる前の比較的平穏な時期に起こった身近な事件を記して、住民虐殺事件がパニック状態の戦場での偶発的な事件ではなかったことを検証してみたい。

隣村の知念村志喜屋《しきや》に住んでいる、いとこの親川久子さん（当時一五歳）から聞いた話である。沖縄戦がはじまる直前、知念村には球《たま》部隊井上大隊が配置され、知念国民学校に本部を置いていた。久子さんは女子義勇隊員として徴集され、経理事務室壕に配属されていた。ある日、洞窟内の洗濯場へ行くと、途中の洞窟内の岩のくぼみに、二人の男が両手を後ろ手に縛られてころがされていた。よく見ると、同じ村民の真栄城《まえしろ》常四郎（当時五九歳）さんと与那城《よなしろ》伊清さん（当時六二歳）であった。その時は怖くて口もきけなかったが、あとで知人から聞いたところでは、二人ともスパイ容疑で捕まったという。

真栄城さんは元村役場に勤めた経歴もある篤農家であったが、部隊に納品した薪や竹材や饅頭の代金を受け取るために、部隊本部へ行って請求したところ有無を言わさずスパイの容疑をかけられ捕らえられたという。

与那城さんは村の養蚕技師をやっていたが、ハワイ移民帰りで英語が話せるという理由で、ふだんから軍ににらまれていたようだった。ある日、友軍の兵隊が農家の豚を無断で殺して食べたのを知って忠告したところ、逆恨みをかってスパイ容疑をかけられたということだった。

二人の老人は、水滴がたれる暗い洞窟内に一カ月あまりも監禁され、後ろ手に縛られているから食事をとるにも、犬のような格好で食べるしかなかったという。

やがて沖縄戦がはじまり、四月一日に読谷・北谷の海岸に上陸した米軍は日本軍司令部のある首里城をめざして南下してきた。四月下旬、港川海岸への敵上陸を想定して配置されていた球部隊美田連隊も、現地召集した防衛隊を引き連れて首里西方の天久《あめく》台地（シュガーローフ）の第一線に出撃することになった。親川久子さんも救護班として従軍することになり、二人の運命を見届ける立場に立たされた。部隊はこの期におよんでも二人の「スパイ容疑者」を釈放しようとしなかった。日本兵は二人を縄で縛ったまま犬をひくようにして行軍した。一カ月余の虐待で二人とも相当衰弱していた。とくに真栄城さんは衰弱が著しく、大里村付近で歩行困難になってしまった。すると日本兵はその場で彼を銃殺した。

与那城さんは壷屋《つぼや》の陣地壕まではたどり着くことができたが、部隊にとってはもはや足手まといの厄介者でしかなくなった。部隊が運玉森《うんたまむい》の前線に出撃しようとする夜、彼を引き連れていた某上等兵が拳銃を抜いてガチャガチャいわせた。与那城さんは「大隊長に会わせてください、話がありますから放してください」と必死に訴えたが聞き入れられず、久子さんの目の前をひきずるようにして壕の入口付近へ連れて行かれた。そこで銃声が一発鳴り響いた。

知念村における住民虐殺事件としては、私が沖教組で編集にかかわった『これが日本軍だ』(沖教組・七二年五月)にも、もう一件の報告が収録されている。次は同書からの引用である。

「大城重政さん(五七歳)は知念村字知名《あざ》の出身です。元知念村の収入役をしていました。昭和二〇年四月、沖縄にアメリカ軍が上陸したころも、大城さんは字知名に居残っていました。字知名に居残った人は他に、区長の神谷五福さんと、村会議員の照喜名さん、他に一名の四人でした。

字知名の部落民は、全員が疎開したり、避難したため、部落は空っぽになりました。この四人の人たちは、空っぽになった部落を守るため自警団としてクビリの壕に踏みとどまったのです。

部落を留守にしたところ、たびたび日本兵が、人っ子ひとり居ない部落に出入りして、食糧をあさって、勝手に持ち去りました。大城さんらは、それを目撃したので、日本兵に注意しました。

五月ごろになって、通信隊の鳩班の日本兵数人が、大城さんらの入っていた壕にやってきました。外の方から大城さんらを呼び出し、「壕の入口に整列せよ」と命令しました。壕の内に居た四人の部落の人は、大城さんを先頭に出ていきました。大城さんは元軍人であったので、他の人は続いて出たのでした。

壕の入口の方へ出るとすぐさま発砲され、大城さんは即死しました。他の三人は、壕の中へ逃げ込みようやく助かりました」

以上、あまり目立たなかった知念村の事例を紹介したが、この数例の中からも沖縄住民虐殺事件の本質を反映した特徴を読み取ることができる。以下に箇条書きで整理してみよう。

①住民虐殺の名目がほとんど「スパイ容疑」である。このことは「防諜ニ厳重ニ注意スベシ」という軍の基本方針と無関係とは思えない。

②殺害や拷問の理由はスパイ容疑だが、直接的な目的は食糧の徴発であり壕追い出しであり命令に服従しない者への報復であり移民帰りやキリスト教信者への偏見である。要するに、実際にスパイ活動を摘発したというわけではなく、軍の自己保身のために軍命に反抗したり非協力的な人物には、スパイという汚名を着せて見せしめに処刑するというパターンである。

③日本軍将兵の沖縄県民に対する態度には、基本的に同胞という意識が乏しく、蔑視と警戒心が入り交じった複雑感情が底流にあった。そのことが日本軍が中国大陸や東南アジアの戦線で行った、現地住民に対する蔑視と警戒と虐待の行為を沖縄にまでもちこむ結果をまねいたのである。

家族離散の疎開

サイパン陥落は政府や大本営（軍中央）の戦争指導方針を大きくゆるがし、東條英機内閣は総辞職に追いこまれた。

サイパン島、テニアン島を占領した米軍は、ただちに巨大な飛行場を建設して、長距離爆撃機B29による日本本土の空襲を開始した。大本営はサイパン戦の反省から、四四年七月下旬、南西諸島や台湾、フィリピンの各軍に「島嶼守備要領」を通達して、「島嶼守備に任ずる部隊は熾烈なる敵の砲爆撃に抗堪《こうかん》しつつ長期持久に適する如く陣地を編成し、設備し、地形を利用して自活に便なる複廓陣地を構築すること」を指示した。

サイパン戦では敵の猛烈な艦砲射撃で日本軍陣地はことごとく破壊され、「バンザイ突撃」をくりかえして水際決戦に出た守備軍は、持久力がなく短期間に壊滅して敵に本土攻撃の足場を与えてしまった。同様の地形をもつ沖縄などの島嶼作戦では、艦砲射撃にも耐えられるような堅固な陣地壕を構築して、持久戦で時間をかせぐような戦術が要求されることになったのである。サイパン陥落直後に沖縄に派遣された武部《たけ》隊はこの島嶼守備要領の指示にもとづいて、さっそく敵上陸地点と予想される島尻一帯の沿岸に、洞窟壕やトーチカを建設することになったのである。

サイパン玉砕はさらなる衝撃を県民にもたらした。サイパン陥落が確実となった七月七日、帝国政府は緊急に閣議を開いて南西諸島からの老幼婦女子の引揚げ（疎開）を決定し、ただちに沖縄と鹿児島の両県知事に命令電報を打った。サイパン戦で日本人住民を巻き添えにし、多くの犠牲者を出した反省に立っての緊急措置だった。

疎開計画は、沖縄県から九州へ八万人、台湾へ二万人を七月中に疎開させよ、という内容だった。短期間に一〇万人もの県外疎開を命じられて県庁も市町村役場も狼狽《ろうばい》した。このころ、沖縄近海はすでに米軍の潜水艦群に取り囲まれて危険水域になっていた。また、年寄りたちは言葉も通じない寒いヤマトへの移住に尻込みしていた。何よりの理由は、戦争前夜に家族がばらばらになることへの不安だった。沖縄守備軍は戦雲急を告げる情勢のもとで、航空基地の建設と並行して持久戦を想定した陣地構築を急ぐ必要から、老幼婦女子まで根こそぎ動員しての全島要塞化を進めている最中であり、労務提供と食糧供出を頼っている民間人を県外に流出させたくなかった。だから現地の部隊では「敵は水際で撃滅するからあわてて疎開する必要はない」と宣伝するありさまだった。政府の方針と現地軍の方針が二つに割れるありさまだから人々は動揺し、また疎開するにしても老人と子どもと母親とに限られていたから、どちらにしても家族がばらばらになるよりも、自分の生まれ島で家族といっしょに運命をともにしたほうがましだと、覚悟を決めて疎開勧誘に応じない家庭が多かった。

わが村の村長も県庁の特別援護室から割り当てられた目標の達成が難しいとみて、苦肉の策を指示した。「疎開計画は国の方針であり県知事の命令である。村民に疎開の趣旨を理解させ、一人でも多くの村民を疎開させるためには、まず役場職員の家族から率先して模範を示して村民の不安を取りのぞくべきだ」と訓示して、役場職員の家族や近親者から先に送り出すことになった。

わが家では父佐清が役場勤めであったから、村民の模範として率先して家族疎開に応じなければならない立場だった。といっても、佐清自身は職域防衛隊に編成されて村民の避難対策という任務を担って職場を離れることはできず、また一六歳になる長女は、女子青年団員として部隊の炊事班や救護班に配置される予定であったから県外疎開は許されなかった。あと一人、六〇歳をこえた祖母は言葉も通じない寒い土地への渡航におびえて、「どうせイクサで死ぬなら自分のシマで死にたい」と抵抗して父の手を焼かせた。結局、祖母は米軍上陸の直前に長女姉とともに山原《やんばる》へ疎開し、何とか戦争はしのいだものの、半年におよんだ避難生活で栄養失調とマラリア病が原因で終戦直後に病死してしまった。

玉城《たまぐすく》村から家族疎開の第一陣が出発したのは八月下旬のことだった。「軍機を語るな」のご時世だからいまもって正確な日付も船名もわからないが、父佐清の記憶では、対馬丸が遭難した八月二二日から四、五日後のことだったという。疎開学童約八〇〇人を含む乗客約一七〇〇人を乗せた対馬丸が奄美沖で米軍潜水艦に撃沈されたという情報は、県民に動揺を与えないために厳重な箝口令《かんこう》がしかれて沖縄には伝えられなかったとばかり思っていたが、村役場の幹部たちにはひそかに伝達されていたというのだ。対馬丸遭難を知りながら、なにくわぬ顔で家族疎開を送り出した役場の立場は、「知らしむべからず由《よ》らしむべし」といった封建的な官尊民卑、秘密主義行政の見本のようなものである。

実は、対馬丸の遭難から八カ月前の四三年一二月にも、徴用工や少年志願兵などを含む、民間人を乗せた湖南丸が奄美近海で撃沈され、五六〇人余の県民の命が海中に消えるといった悲劇が起こっていたのだが、この遭難事件に関する情報は完璧に隠蔽されて、事件の全貌が明らかになったのは戦後三十数年もたってからだった。

もしも湖南丸遭難事件の情報が公開されていたなら、対馬丸の悲劇も起こらなかっただろうにと嘆く遺族の声を聞いたことがあるが、あるいは湖南丸、対馬丸の遭難事件の事実が報道されていたなら、私たち家族の熊本疎開もなかったかもしれないという理屈になる。ともあれ、私たちの家族は九月に入ってから玉城村家族疎開の第二陣として出発したのだが、一般県民にはひたかくしにされていた、危険な海上の実態を私たちはまざまざと見せつけられたのである。

日付も船名もよく覚えてない。ただ、早暁の暗い道を稲嶺駅まで歩いていき、軽便《けいびん》鉄道に乗って那覇へ出て、那覇の埠頭から伝馬《てんま》船に運ばれて沖合に停泊していた大きな貨物船に乗船した。出港前に暁部隊（船舶部隊）の兵隊から海上での諸注意が説明されたが、とくに子どもたちには、サトウキビの食べ殻を海上に捨てると敵潜水艦に発見されるから絶対に捨ててはならないと、厳重に注意された。

出港したその夜中、豚の悲鳴のようなけたたましい警笛にたたき起こされた。「敵潜水艦発見！」の声が伝達されてきて、浮き袋をつけて甲板にかけのぼった。船は潜水艦の追撃をかわすように右に左に激しく傾いて蛇行していく。何かにつかまっていないと暗い海に振り落とされそうな傾きだった。乗客は家族ごとばらばらにならないように、帯で体を縛りつけて固まっていた。ときどき甲板で「あれ、あれ、あれ！」という叫び声が起こった。見ると、暗い海面を船尾の方から前方に向かって白い線がスーッと走っていく。敵潜水艦から発射された魚雷の航跡であった。魚雷は一本、二本、三本と左右の海面を船体すれすれに通過していった。その一発でも船腹に命中すればわれわれの運命もどうなっていたか知れない。さいわい無事に夜は明けて、奄美の島々を伝わりながら四、五日かかって鹿児島に到着できた。

後年、「あれは本当にあったことか、夢でもみていたのではなかったか」と疑わしくなることがある。考えてみれば、暗い海上でどうして魚雷が見えたのか。疑問に思って海軍あがりの義兄に尋ねてみると、疑問はあっさり氷解した。魚雷が走った航跡には夜光虫が光るので、夜でもよく見えるということであった。

沖縄県民の九州、台湾への疎開計画は、政府の方針と現地部隊の要求が相反する中、戦時下の家族離散を怖れる心理もブレーキになって遅々として進まなかったが、やがて襲ってきた十・十空襲（昭和一九年一〇月一〇日）の打撃が追い風になって、年末ごろから疎開希望者が増えてきた。しかし、時すでに遅く沖縄近海は、日本本土と南方との補給線を遮断する米軍の「群狼《ぐんろう》作戦」によって、潜水艦が出没する「死の海」になっていた。したがって疎開者を運ぶ船舶の数も減少して、疎開計画は渋滞した。沖縄戦がはじまる四五年三月までに疎開できたのは、九州へ八万人、台湾へ二万人、合計一〇万人にとどまり、結局、四十数万人の県民が戦場の島に閉じ込められることになった。

熊本県阿蘇の山村で二年間をすごし、最後の国民学校一年生になって、廃墟の島に引き揚げてきたのは四六年九月のことであった。帰ってきたわが村の風景は二年の間に一変していた。わが村は避難民の収容所になって野戦用テントがびっしり立ち並び、集落の西側の加茶原ワイトゥイからながめる島尻の野は、一面石切場のように真っ白になってまぶしかった。三カ月余の砲爆撃で建物も草木も土砂もことごとく吹き飛ばされて、サンゴ石灰岩の地層がむきだしになっているのである。悪魔の仕業としか思えない破壊の爪痕をながめて、自分が知らない戦争という惨劇の光景を想像してみるのだが、その想像画は六十数年すぎてもまだ完成しないままだ。

阿蘇の山地で飢えと寒さをとことん味わったとはいっても、それらは安全地帯での出来事である。自分たちだけ安全地帯ですごしていたという、理由のない後ろめたさが少年時代からつきまとっていた。復帰の前後から偶然のめぐりあわせで沖縄戦記録の仕事に従事し、いまなお「沖縄戦とは何だったのか」という巨大なテーマから卒業できないでいるのも、「平和の礎」に刻まれている二十四万人の死者たちへの負い目が解消しないからであろうか。

以上のような事情で、四四年九月以降のわが村の出来事について、私は直接の体験はない。私がこれから書いていくわが村の戦争体験については、役場職員として単身で戦場の村に残っていた父から聞いた話が中心になる。

全島要塞化の時期に玉城《たまぐすく》村役場の職員であった大城佐清（当時四〇歳）は、村内の住民避難壕の様子を熟知していた。九州疎開が容易に進みそうにないと知った村当局では、村民の避難先を山原《やんばる》（国頭郡《くにがみ》）と村内の二通りに分けて、県が指定した国頭の疎開地には老幼婦女子を先に疎開させ、様々な事情で村内に残留している村民は集落（字・区）ごとに自然壕（ガマ）を割当てて長期の避難生活に耐えられるような設備も整えた。糸数壕《いとかず》（アブチラガマ）や役場壕をはじめ、各字《あざ》に割り当てられた避難壕は三二ヵ所もあった。父はその一つ一つを案内しながら私に当時の様子を説明したあと、ふとつぶやくように、「友軍が沖縄人を殺していた。糸数壕でもそうだった。敵よりも友軍が怖かった」と本音をもらしていた。

日米両軍の沖縄作戦

一九四四（昭和一九）年一〇月一〇日に沖縄県民を震えあがらせる第一撃がやってきた。十・十大空襲である。その朝早く、百名《ひゃくな》の上空を東から西へ四機編隊の戦闘機が次々と那覇方面に飛んでいくのが見えた。大人も子どもも友軍の大演習と勘違いして、「バンザイ！　バンザイ！」と叫んで見送った。しばらくして、憲兵がやってきて防空壕にかくれるように指示したので、はじめて敵機来襲とわかった。午後二時ごろ百名上空に戦闘機が飛来してきて七、八回旋回して加茶原陣地と奥武《おう》島の暁部隊（海上特攻隊）の陣地に機銃掃射が行われたが、ほとんど被害はなかった。小禄《おろく》海軍飛行場（現那覇空港）の工事に通っていた徴用の人たちから、那覇の街が焼夷弾で焼け野原になり、小禄海軍飛行場や那覇港もめちゃめちゃになったという話を聞いて、現代戦のすさまじさを実感した。それにしても敵の奇襲攻撃を予知できなかった友軍は何をしていたのだろうと、県民の「無敵皇軍」に対する信頼がゆらぎはじめたのも、この一撃の心理的効果であったろう。

十・十空襲は、米軍がレイテ島の上陸作戦を開始する前に、後方基地である沖縄の軍事施設をたたいておくという作戦であった。米機動部隊の艦載機による五波一千機におよぶ攻撃で県都那覇と各地の飛行場と軍港などは致命的な被害を受けた。那覇の市街地の九割は焼失し、空襲による犠牲者は軍民あわせて死傷者約一四〇〇人におよんだ。軍にとって深刻だったのは多くの弾薬と数カ月分の食糧を失ったことで、敵潜水艦が跳梁《ちょうりょう》する危険な海上からの補給はままならず、その後の沖縄守備軍の作戦方針は混乱し、結局、弾薬も食糧も乏しいままに地上戦闘を迎えることになる。

一方、米軍の方は、この一日の空襲の間に沖縄全域の空中写真を撮りまくり、沖縄作戦にあたって精密な軍用地図を用意することができたのである。実際、米軍の上陸部隊は日本軍よりも精密な地図をもっていた。

十・十空襲で深傷《ふかで》を負った武部隊は山の中に小屋を作って兵舎とした。一〇月一五日に新兵の現地召集を行って兵力の増強をはかったが、郷土出身の新兵たちが郷土防衛のために戦うという希望はまもなくへし折られてしまった。このころ西太平洋の戦局は、日米両軍がフィリピンのレイテ島の攻防に全力を集中しており、沖縄守備軍を指揮下に置く台湾の第一〇軍としては、沖縄の防衛よりもレイテ作戦を優先させる方針を立てた。一一月半ばごろ、大本営では沖縄守備軍（第三二軍）の中核部隊である武部隊（第九師団）を、フィリピン作戦の後詰めとして台湾へ移駐させることを決定した。

決戦の足音が間近に迫っているこの時期に、沖縄守備軍の中核部隊を台湾に引き抜かれるというのは、沖縄の人々にとってこれほど大きなショックはなかった。しかも、武部隊が引き抜かれたあとの後詰めの部隊は、いくら要請しても派遣されなかった。軍中央は沖縄を見捨てるのか、という気持ちは軍民ともに同じだっただろう。

夏以来、様々な犠牲を堪え忍んで軍民一体となって陣地構築に励んできた今になって、頼りにしていた精鋭部隊を引き抜かれた驚きは悲痛なものであった。しかし、軍のやることに文句のいえる時代ではなかった。一一月二四日、村民は不満と不安と惜別の感情を押し殺して部隊の送別会を催した。婦人会はサーターアンダギーやクジムチをこしらえて送別の宴をもよおした。翌日は与那原《よなばる》の港まで歩いていって別離の涙で見送った。人々がこれほどまでに別れを惜しんだのは、部隊の中には地元出身の新兵たちも多数含まれていたからである。わが村の軍民の短い蜜月はこれで終わった。

一二月に入って、武部隊の後任として石《いし》部隊（第六二師団）の独立歩兵第一五大隊（隊長山本信輝大佐）が、北谷《ちゃたん》から玉城に移動してきた。江戸中隊が百名《ひゃくな》・仲村渠《なかんだかり》区に駐屯した。中隊本部は前赤嶺、第一中隊の指揮班は我那覇《がなは》前に、他は民家三カ所に分宿した。

区民の主催で懇親会が開かれ、物資不足の中、豚一頭をつぶして久しぶりの栄養会になった。武部隊の引き抜きでできた穴を埋めるために、新兵の召集と第一次防衛召集が行われた。駐屯部隊は新兵教育に明け暮れた。区長は軍命令で食糧の割り当てや防衛隊、義勇隊の召集でてんてこまいしていた。婦人会も甘藷・野菜・味噌の供出に忙しい毎日だった。男手を引き抜かれた農村では、月夜に子どもをおんぶして、習い覚えた軍歌や国民歌謡を歌いながら田畑で働く婦人たちの姿が見られた。

年が明けて運命の一九四五（昭和二〇）年、正月早々から南西諸島の島々は頻繁に空襲を浴びせられた。フィリピン戦線も日本軍の敗色が濃厚で、米軍はいよいよ沖縄方面にねらいをつけたことが実感された。米軍中央ではフィリピン作戦の次のステップとして台湾攻略作戦を研究していたが、十・十空襲の経験などから、本土侵攻のための航空基地の確保という観点からは台湾を飛び越して沖縄本島を攻略したほうが利点が多いということが判明した。こうして沖縄攻略作戦「アイスバーグ作戦」計画は、四四年秋ごろから研究に着手して四五年一月に正式に決定されたのであった。

アイスバーグ作戦は米陸海軍の共同作戦として計画され、作戦全体の指揮官を海軍のニミッツ提督がとり、地上作戦を第一〇軍のバックナー中将が指揮することが決定された。本島上陸日を四月一日とし、第一段階に沖縄本島南部（慶良間諸島を含む）の占領と初期の基地の整備、第二段階に伊江島を含む沖縄本島北部の制圧、第三段階にその他の南西諸島の占領と本土侵攻作戦の準備などとした。投入する兵力も上陸部隊一八万人を先頭に、総勢五四万八千人という最大規模の部隊編成が完了した。

一方、守る側の沖縄守備軍（第三二軍）は、決戦直前になって中核部隊の武部隊を台湾に引き抜かれた上、補充部隊の派遣を要請しても大本営の回答はラチがあかなかった。補充が絶望となると、沖縄守備軍では四四年暮れから翌年二月にかけて二次にわたる防衛召集を実施し、さらに青年義勇隊・学徒隊なども加えて約一一万人弱の兵力で当面の穴埋めをはかるしかなかった。

沖縄守備軍が新設された当初の目的は航空基地の建設と守備であったが、軍民一体の共同作業で県内に一五カ所の飛行場は完成させたものの、肝心の航空部隊はなかなか配置されなかった。このころ日本陸海軍はミッドウェー海戦、マリアナ海戦、フィリピン沖海戦などで飛行機と搭乗員の多くを失って、沖縄基地へ配備する航空力はほとんど底をついていたのである。

沖縄作戦計画は大幅に変更しなければならなくなった。飛行場を放棄して戦略的な持久作戦に方針を転換した。県民の犠牲的奉仕作業で完成させた各地の飛行場は不要になり、逆に敵に利用される怖れがあるので、米軍上陸まぎわに自らの手で破壊した。

沖縄守備軍が持久戦のためにとった新たな戦法は、陸海空における特攻作戦と、地下のガマ（洞窟）を利用した時間かせぎの持久戦法であった。

牛島軍司令官は四五年二月に「一機一艦船・一艇一船・一人十殺一戦車」を標語にした、「戦闘指針」を全部隊に下令した。一機一艦船とは航空機による空の特攻作戦、一艇一船とは海上特攻艇による海の特攻作戦、一人十殺一戦車とは敵兵と敵戦車を標的にした斬り込みや肉弾攻撃による陸の特攻作戦を意味している。

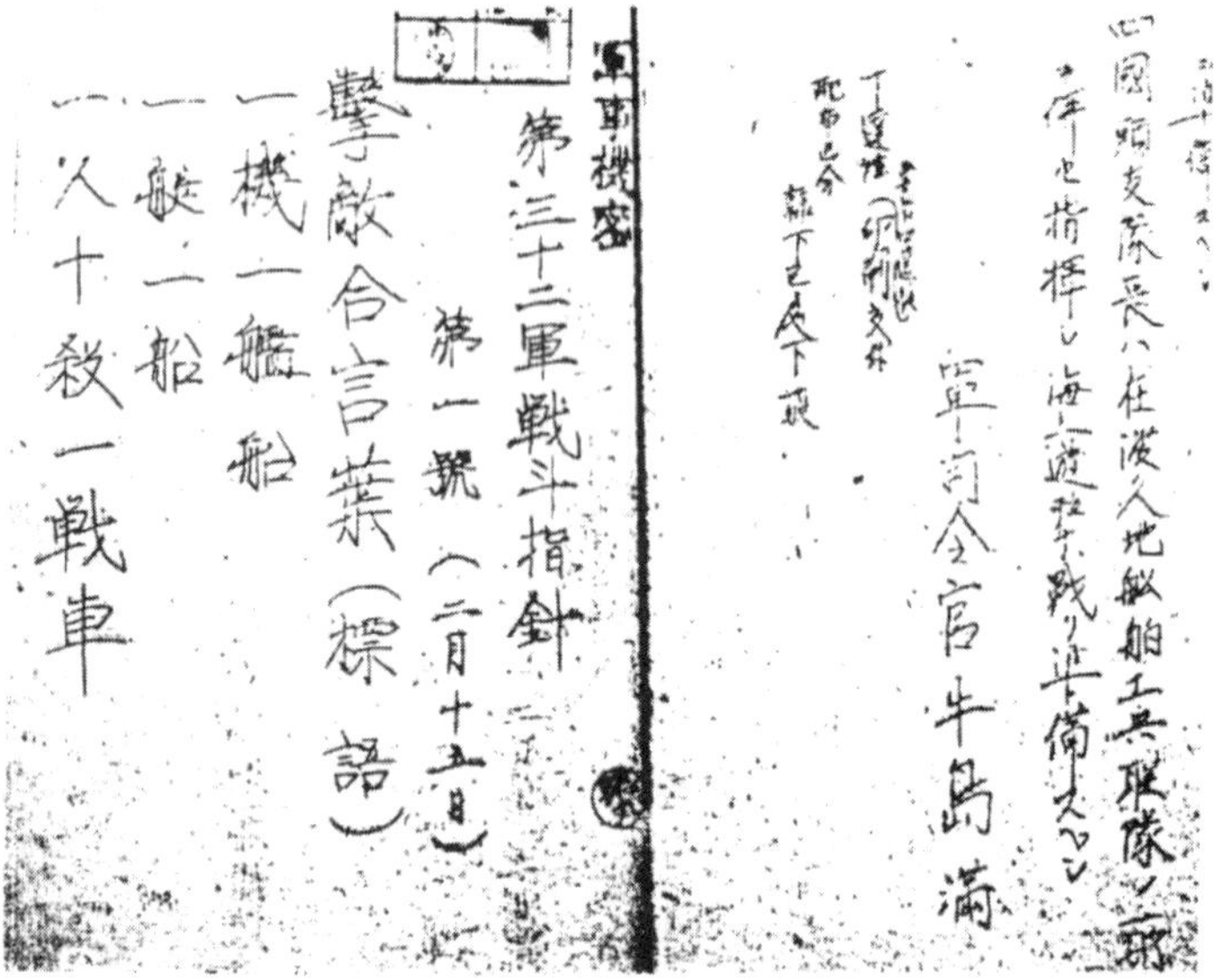

特攻作戦を指示した牛島軍司令官名の「戦闘指針」

沖縄戦の一つの特徴は、はじめから計画された全面的な特攻作戦であったことである。

沖縄本島上陸作戦

沖縄守備軍の作戦変更によって、わが村の部隊の配置も二転三転してめまぐるしく変わった。サイパン戦の教訓から出された「島嶼守備要領」にもとづいて、堅固な陣地を構築したまではよかったが、敵がどこから上陸するかという予想では、港川説と中部西海岸説の二つに分裂していた。具志頭《ぐしちゃん》・玉城・知念の沿岸に配置された部隊は港川説にもとづくもので、武部隊が構築した陣地壕のほかにも、港川・奥武《おう》島・志堅原《しけんばる》に暁部隊（陸軍船舶隊）の海上挺進隊第二八大隊が配置され、玉城村から召集された防衛隊もこれに配属されてマルレ特攻艇の運搬・進水訓練を受けていた。これも敵が港川から知念半島にかけて上陸するという予測のもとに配置された秘密部隊であった。

ところが、一二月に武部隊の後任部隊としてわが村に移動してきた石部隊（第六二師団）は、席のあたたまる間もなく二月には浦添《うらそえ》方面の陣地に移動していった。読谷《よみたん》・北谷《ちゃたん》上陸を予想した配置変更であったのだろう。石部隊のあとにやってきたのが、球《たま》部隊の美田連隊（独立混成第四四旅団第一五連隊）であった。同部隊は、糸数《いとかず》集落の中に武部隊が整備してあった糸数壕（アブチラガマ）に本部を構えて敵上陸に備えていた。

一九四五（昭和二〇）年四月一日、港川の沖合に大規模な敵艦隊が集結し、艦砲射撃のあとに、いまにも上陸してきそうな運きを終日くりかえしていたが、とうとう上陸はなかった。読谷・北谷海岸への上陸作戦を支援するための陽動作戦だったのだ。

結局、わが村に待機していた美田連隊の出番はなかった。奥武《おう》島の付近の横穴壕に隠してあった特攻艇も、三月上旬の空襲でほとんど沈没してしまい、肝心のこの日には手も足も出ない状態で、隊員たちは糸数壕に合流してきた。

四月一日に読谷・北谷海岸に無血上陸をはたした米軍は、その日の内に読谷飛行場（陸軍北《きた》飛行場）と嘉手納飛行場（陸軍中《なか》飛行場）を占領し、三日目には細長い沖縄本島を南北に分断し、一部は北部の国頭《くにがみ》支隊とゲリラ部隊（第三、第四遊撃隊）の掃討に進軍し、主力部隊をもって首里城に本部を置く第三二軍司令部をめざして南下してきた。首里城を中心に二重三重の防衛陣地をめぐらしていた守備軍は、地下深く構築した陣地壕にたてこもって頑強に抵抗した。

とくに首里正面を護る嘉数《かかず》高地、浦添《うらそえ》城址、東側を護る運玉森《うんたまむい》、西側を護る天久《あめく》台地（シュガーローフ）の陣地では、血で血を洗うような白兵戦が展開され、一進一退の攻防戦は五〇日前後におよんだ。玉城から移動していった石部隊はこの中部戦線の中核部隊となって奮戦し、わが家にも一部分宿していた第一中隊は、浦添城址（前田高地）の激戦で一二名を残して全滅したという。

玉城、知念、佐敷《さしき》から召集された防衛隊員は三月二〇日に美田連隊に配属されていたが、これまで陽動作戦に振り回されて出番のなかった部隊も、四月二八日夜、激戦が続いていた天久戦線に出動となった。防衛隊に召集された四〇歳過ぎになる私の伯父親川仁盛も従軍していった。

伯父たちに渡された武器は、自家製の竹槍と手榴弾二個ずつであった。手榴弾の一個は敵に投げるもの、残りの一個は自決用であった。那覇の松川の連隊本部に到着した防衛隊の人たちは、ただちに天久台地（シュガーローフ）の陣地に配置され、日中はタコツボの中で爆雷と手榴弾二個と手製の槍を抱えて戦闘配置につき、夜間は物資補給と負傷兵の運搬のために本部へ引き揚げた。米軍の戦車隊は五時をすぎると、後方キャンプへ引き揚げていくのである。

ある夜、友軍は牧港《まきみなと》に野営している米軍に夜襲をかけたが、照明弾がポンポンあがって機関銃の一斉射撃をあびて進むことができず、引っ返してきた。第二回の攻撃も激しい機関銃に阻まれて後退、暗くなるのを待って友軍の陣地にたどりついてみたら、米軍の馬乗り攻撃を受けて多くの戦友が火炎放射を受けて黒こげになって戦死していた。

予想をこえる猛烈な砲爆撃と一進一退の攻防戦の中で、わが村の防衛隊はどう戦ったかと言えば、「戦うどころではなかった」というのが伯父の証言である。防衛隊はめいめい竹槍と手榴弾をにぎりしめタコツボ穴に身をひそめていたが、夜が明けると目の前にシャーマン戦車が押し寄せてきて、さかんに砲撃を加えてくる。手榴弾を投げるどころか、戦車砲のエジキになるのを待つしかなかった。そのうち防衛隊の中から負傷者がでた。伯父と同僚たちはこれ幸いと負傷した戦友を三人がかりでかついで松川まで後退してきて、負傷兵を包帯所（野戦病院）に預けると、そのままわが村まで逃げ帰ってきた。見つかれば敵前逃亡の罪で即銃殺ものだから、終戦とわかるまで山奥の門中墓の中に隠れていたという。「あんなばかばかしい戦争で死ねるもんか」と、分別ざかりの初老の伯父は家族に語っていたという。

防衛隊の動員

沖縄戦の隠れた主役は防衛隊であったといってよい。彼らは部隊に召集された間は軍人であるが、意識の中では一家の大黒柱であり、集落の幹部であった。彼らは何かと理由をつけてわが家に帰ってきた。だから軍と民との橋渡し役でもあった。「集団自決」で用いられた手榴弾や爆雷も彼らが運んできたものが多かった。

「防衛隊」と呼ばれる組織は大きく三種類に分けられる。第一グループは、一九四二(昭和一七)年九月、本土空襲への対策として陸軍省が制定した、「陸軍防衛召集規則」によって兵役義務のない在郷軍人などを召集して編成した組織である。本来は空襲のときの避難誘導や警備業務にあたるのが主たる任務であったが、沖縄の場合は第三二軍の配備とともに兵力不足を補う補助部隊として編成された。役場の兵事主任の割り当てで集合を命じられ、めいめい自前の服装と作業道具を持参して作業班が編成され、部隊の指揮のもとに飛行場建設や陣地構築、弾薬運搬などに従事させられた。正式名称は特設警備大隊とか特設警備工兵隊などといかめしいが、敵上陸までは軍事訓練などもなく、土木作業と運搬作業がほとんどだったので「棒兵隊」とか「みのかさ部隊」とか「苦力《クーリー》部隊」などと冷やかされるありさまで、戦闘要員になるという自覚はなかった。

もう一つのグループは、「陸軍防衛召集規則」によらないで在郷軍人会や翼賛壮年団などが形式上は自主的に編成したもので、一種の義勇隊の性格をもった組織である。沖縄では一九四四年七月ごろから市町村単位の防衛隊が結成されたが、「陸軍防衛召集規則」による本格的な防衛召集が実施されると、次第に有名無実になったようである。

沖縄戦で戦った戦闘集団としての「防衛隊」は、「陸軍防衛召集規則」が改正された四四年一〇月以後に召集されたグループで、規則改正によって対象年齢が一七、八歳から四五歳までとなり、徴兵検査以前の一七歳の年少者までが防衛隊にとられることになった。

沖縄における防衛召集は三次にわたって実施された。私が知る限りで最も早いのは四四年一月に石垣島で警備召集が行われ、特設警備隊（三木隊）の編成が行われている。宮古島でも同年四月に宮古防衛隊約八〇〇名の警備召集が行われ、特設工兵隊が編成されていた。宮古、八重山では沖縄守備軍の第二八師団が進駐してくる以前に、海軍飛行場建設などが地元防衛隊を動員してすすめられていたのである。防衛庁版戦史には四四年一〇月以降に二次にわたる防衛召集が実施されたとあるが、これは「陸軍防衛召集規則」が改正された以後のことであって、改正以前の召集が欠落している。

規則改正後の防衛召集は沖縄全域で二回にわたって実施された。これを第二次召集、第三次召集と呼ぶことにするが、第二次は、四四年一〇月から一二月の間、主に飛行場建設や陣地構築の作業要員の確保が目的であった。第三次は、翌年一月から三月まで、武部隊が台湾に引き抜かれたあとの穴埋めとしての臨時召集で、つまり戦闘要員としての兵力調達であった。

わが玉城村の防衛隊についていえば、村役場の兵事主任から防衛召集の通知を受け取り、二月一八日に東風平《こちんだ》村の島尻郡記念運動場に集合を命じられた。島尻郡の各町村から約三〇〇〇名の防衛隊員が集まっていた。島尻郡在郷軍人会長の訓示のあと、各町村防衛隊は各部隊へ配属された。玉城村防衛隊は村内の志堅原に本部を置く海上挺進隊第二八戦隊に配属された。この海上特攻隊は約一〇〇隻の「マルレ」と呼ばれる特攻艇を港川から奥武島《おうじま》にいたる海岸の秘匿《ひとく》壕に配備していた。

ベニヤ製の一人乗り舟艇の船首に一個一二〇キロの爆雷を積んで、敵の艦船に体当たりする自爆艇である。この秘密兵器を運んだり進水させたりする後方勤務が防衛隊の任務であった。だが、この秘密基地は沖縄戦がはじまる前に敵機に発見されて空襲を受け、特攻艇のほとんどが破壊されてしまい、部隊も防衛隊も糸数壕の美田連隊に合流して、やがて天久台地（シュガーローフ）の激戦地に従軍することになる。

二月の第三次召集以後も各地の部隊が、防衛召集を名目に令状もないままに四五歳をこえた老人や一七歳に満たない少年までも、強引に徴集したケースが多くみられた。たとえば米軍が捕虜収容所で撮影した写真の中に七五歳の防衛隊員と一五歳の学徒隊員が並んで立っている哀れな姿が写っている。

地上戦闘が行われた沖縄本島（周辺離島を含む）の日本軍の兵力は、陸軍約八万六四〇〇、海軍約一万。宮古、八重山の守備隊などを合わせると総兵力はおよそ一一万から一二万名と推定されるが、その実態は約三分の一が現地召集兵や防衛隊、青年義勇隊などの「にわか兵隊」とみられる。防衛隊の総数は四四年一〇月の規則改正後に召集された者のうち、途中から現役兵に編入された者を除くと約二万三〇〇〇名。牛島軍司令官の訓示に「一木一草を戦力と化して持久自足に徹すべし」という一条があるが、兵力補充の見込みのない沖縄では足腰の立つ人間は男女の区別なく戦力として最前線に投入された。その結果、防衛隊二万三〇〇〇名のうち約六割にあたる一万三〇〇〇名が戦死している。

青年義勇隊の戦闘

県庁の戦場行政は食糧対策と疎開促進の業務に追い回されていたが、戦場行政にはもう一つ重要な項目があった。「国土防衛の強化」という任務である。

軍は「軍官民共生共死の一体化」と「一木一草を戦力とすべし」という方針のもとに次々と戦闘準備への動員を要求してきた。

軍命は役場の兵事主任を通じて各区（集落）の区長におろされてくる。どのような事情があろうとも、指示された日時に指示された員数を集めなければならなかったから、兵事主任も区長も必死だった。員数を合わせるために適齢からはずれた老人や少年、あるいは障害者までかき集めて定員を満たす例が各地でみられた。新兵の現地召集や防衛隊などは兵役法や「陸軍防衛召集規則」にもとづく通常業務と考えてもいいが、青年義勇隊や救護班などは、建て前は自主的な志願である。しかし、駐屯部隊からの要請は、「何月何日までにどこどこに何名集合」としか通知してこないから、いちいち本人の意志など確かめる余地はなかった。

村内に残っていた男女青年団員（青年学校生）は、ことごとく義勇隊と救護班に動員された。玉城村の場合は、伊江島のように独立した青年義勇隊が編成されたわけではなく、防衛隊と同様に戦闘部隊（球《たま》部隊）や海上特攻隊（海上挺進隊）の後方勤務などに動員されて、弾薬運搬や陣地構築などに従事させられた。同年齢でも中等学校生徒の場合は学校単位で学徒隊に編成されたが、勤労青年の場合は男女青年団員の教育と教練（軍事訓練）の場である青年学校単位で徴集される場合が多かった。

県庁学務課が管轄する鉄血勤皇隊や通信隊などの男子学徒隊や、従軍補助看護隊などの女子学徒隊などは、参加人数も行動記録などもきちんと整理されているが、村役場を通して徴集された義勇隊や救護班などは、ほとんど記録も残されてないし、慰霊塔などの記念碑が一つもない。

ただ、私の身近なところを見回せば、玉城村青年学校から徴集された青年義勇隊（男子）は約六〇名、百名《ひやくな》区女子青年団から救護班に動員された団員約一二名などと、断片的なデータから推計して残留村民約五六〇〇人の中から二〇〇人余の義勇隊が動員されたとみられる。

青年団の動員は、はじめは役場からの割り当てで小禄飛行場、西原飛行場、嘉手納飛行場などの建設工事への徴用からはじまった。やがて武部隊や球部隊が村内に駐屯するようになって軍民一体化が進み、部隊の命令にしたがって役場の兵事主任から男子は陣地構築、女子は炊事班などへ動員が割り当てられて、連日兵隊とともに全島要塞化の作業にかり出された。この間に、男子には手榴弾や爆雷の扱い方や竹槍による刺突訓練、女子には救護法の講習などが行われた。

玉城村の青年義勇隊が実戦に投入されるのは、村内に駐屯していた美田連隊が首里西方戦線（中部戦線）に出動してからである。部隊は前線への移動にさいして村内の防衛隊や義勇隊に従軍を命じた。はじめは弾薬運搬や兵器移動のための後方勤務のつもりであったが、現地へ到着するとそのまま戦闘要員としての任務を命じられた。

彼らが配置された部署は、米軍戦史が沖縄戦で最大の激戦地と記したシュガーローフであった。目下開発が進行中の那覇新都心地区の東端に位置する安里《あさと》配水池の丘に、戦跡案内の説明板が立っている。

「沖縄戦の激戦地。字安里の北に位置する丘陵地帯に築かれた日本軍陣地の一つ。日本軍は〝すりばち丘〟、米軍は〝シュガーローフ〟と呼んだ。一帯の丘陵地は日本軍の首里防衛の西の要衝で、米第六師団と激しい攻防戦が展開された。……とくにここ慶良間チージの攻防は、一九四五年五月一二日から一週間に及び、一日のうち四度も頂上の争奪戦がくりかえされるという激戦の末、一八日に至り米軍が制圧した。米軍は死傷者二六六二人と一二八九人の極度の精神疲労者を出し、日本軍も学徒隊、住民を含め、多数の死傷者を出した。それ以後、米軍は首里への攻勢を強め、五月二七日、首里の第三二軍は南部へ撤退した。沖縄戦は首里攻防で事実上決着していたが多くの住民を巻き込んだ南部戦線の悲劇は六月末まで続いた」

このような沖縄戦の大勢を決する天王山ともいうべき激戦地に、知念半島から動員されてきた美田連隊付属の防衛隊や義勇隊が配置されたのだ。彼らは、爆雷や手榴弾や竹槍などをもってタコツボや陣地壕に身を潜めながら、敵の最新型のシャーマン戦車を迎え撃てと命じられたのだ。

奥武島出身の元青年義勇隊員はシュガーローフの戦闘の模様を次のように語っている。

「新川壕に避難して二、三日後のこと、私たちは義勇隊として軍に協力するよう、軍より区長を通じて動員命令を受けました。奥武からは一六歳から一八歳までの一五、六人の若者が指名され、字前川の南側の森に集合させられました。敵の上陸後一カ月ほどすると、私たちの部隊に前線への出動命令が出されました。安里に入ると、近くの大砲陣地を目がけて砲弾が激しく飛んできました。私たちの部隊は砲弾の激しく飛んでくる中を行軍し、その日の未明に真嘉比《まかび》に着きました。

丘の上の陣地では、兵隊が擲弾筒《てきだんとう》や機関銃等を発射して敵と交戦し、一進一退の攻防戦が続いていました。一〇日ほど経つと私たちの中隊では連日の攻防戦で多数の死傷者を出し、戦闘能力も半減しました。陣地までの弾運びは私たち義勇隊の仕事でありました。弾運びは暗くなってからやりましたが、絶えず照明弾が打ち上げられ、砲弾が激しく飛んでいましたので、私たちは飛び交う砲弾の中を陣地まで運んでいました。そのために、死傷者が多数でました。いよいよ、真嘉比での最後の戦いの日がやってきました。その日の米軍はいつもの倍以上の砲火をあびせながら、戦車を先頭にして陣地近くまで前進してきました。私たちの中隊は死力をつくして防戦しましたが、持ちこたえることが出来ず、真嘉比集落まで後退させられました。私たちの小隊で元気な兵隊は加藤小隊長と三人の兵隊だけしか残っていませんでした。奥武から来た義勇隊仲間からも大城清正君、津波古《つはこ》千一君、大城萬助君の三人が戦死し、四人の負傷者を出しています。その日の夕方、私たちは小隊長に呼ばれ、この戦に勝ち目はない。君たちはこれ以上軍と行動をともにしなくていい。親の元に帰れ、と言われました」（『玉城村史』嶺井幸信・中本信一談・湧上洋聞き取り）

女子義勇隊の最期

女子義勇隊である救護班は青年義勇隊よりも参加人数ははるかに多い。正確な数字は不明だが、村内一九の集落（字・区）から字ごとに八人から一二人ほどの女子青年団員が部隊に動員されている。はじめは駐屯部隊の炊事班として配属されたが、雑用のあいまに救護法の講習と竹槍訓練が行われ、戦況が逼迫《ひっぱく》して前線から負傷患者が送られてくるようになると、救護班として各隊の包帯所（野戦病院）に数名ずつ配置された。

救護講習は村内の開業医・幸之一病院の大城幸雄院長が指導にあたった。幸之一病院は私も幼少のときしばしばお世話になった病院である。大城医師は県内のすべての医師・看護婦と同様に守備軍に召集され、軍医少尉として南風原《はえばる》陸軍病院に配属された。やがて南風原の病院壕が飽和状態になって糸数《いとかず》分院が開設されると分院の院長となってわが村に帰ってきた。しかし糸数壕の分院にも敵部隊が接近してきた五月下旬に、ひめゆり学徒隊や救護班とともに南部・伊原の洞窟壕に撤退、六月一八日の陸軍病院の解散とともに富里《ふさと》の病院に帰還したあと、部下の看護婦二人とともに自家壕の中で服毒自決したという。軍人として責任をとったのであろうが、戦争になってまっさきに軍に召集されるのは医師と看護婦であったのである。

玉城村の女子義勇隊の行動も部隊の南部撤退とともに悲劇の色彩が濃厚になっていく。私の親戚の大城タケさん（当時一六歳）も、私に次のように語ったことがあった。

タケさんは国民学校高等科を卒業したばかりで、学校では竹槍訓練とバケツリレーの防空演習などの訓練は受けていたが、まさか沖縄が戦場になって野戦病院に遣《や》られるなどとは思ってもみなかった。四四年春ごろから女子青年団には役場から勤労動員が頻繁にきて、字百名《ひやくな》からも一度に四、五人ずつ小禄《おろく》飛行場や読谷《よみたん》飛行場の建設作業に参加させられた。物資不足の時代でバスもなくなっていたから、百名から小禄まで、およそ二〇キロの道を歩いていって、一週間から一〇日ぐらい宿舎に泊まって、朝から晩までの重労働に従事した。

四四年七月はじめに武部隊（第九師団）が入ってきてからは、集落周辺で大砲の陣地とか高射砲の陣地などの工事にもかり出された。その年の暮れに、武部隊は台湾に移動して、その後に石部隊（第六二師団）がやってきたが、この部隊も翌年二月ごろには浦添方面に移されて、球部隊（混成旅団）が交替して駐屯した。

三月二三日、彼岸の日のごちそうを作っている時に、朝はやくから空襲警報のサイレンが鳴った。敵機が空いっぱいに飛んできて、ムラの上に低空飛行してきて爆弾を落としたり機銃掃射を行ったり、生きた心地もなかった。次の日からは艦砲射撃もはじまったので、役場の指示で家族は指定されたガマ（洞窟）に入ってしばらく避難していた。そこへ球部隊の将校がやってきて、「若い人が家族といっしょにいてはいかん。部隊に協力しなさい」といわれて、軍に召集された。はじめは中隊本部の炊事班の仕事をやらされたが、戦闘が激しくなって負傷兵が出るようになると、玉城集落の新川壕（洞窟壕）にある美田連隊の医務室に集合させられて、軍服を支給されて救護班として勤務するように命じられた。村出身の神里常彦軍医がいて、○名ぐらいの負傷兵の看護にあたっていた。救護班といってもろくな教育も受けてないので本格的な治療にあたるのではなく、ほとんど患者の食事や飲み水の世話をする下働きであった。

やがて戦闘が厳しくなり、球部隊の兵隊と防衛隊は天久《あめく》方面の前線に出撃していった。救護班は玉城の陣地壕で待機していたが、五月に入って、首里方面から友軍部隊が負傷兵をたくさん連れて後退してきた。救護班は日夜患者の手当に追い回されていたが、五月下旬ごろ、敵はだんだん近づいてきて、艦砲も爆弾も激しくなったので、部隊はさらに摩文仁《まぶに》方面に南下することになり、救護班も負傷兵を運んで同行するように命じられた。玉城女子義勇隊が本当の戦場の地獄を見るのはこの時からといってよい。

摩文仁への移動は梅雨の長雨をついての行軍だった。女子義勇隊の救護班は四人一組で担架に負傷兵をのせて、泥道に足をとられながら昼夜兼行で歩いていった。雨の中を重い担架をかついで歩くのは小柄な少女たちにとってはたいへんな重労働だった。途中、砲弾が落ちてきたりトンボ機（偵察機）が飛んできたりすると物陰にかくれて砲爆撃が止むまで待たなければならないし、沿道には友軍が地雷を埋めてあるので、それを避けながらゆっくりゆっくり用心して前進していく。早朝玉城の陣地を出発してから前川集落につくまで、わずか三、四キロの行程にまる一日をついやすありさまだった。

一日がかりでたどりついた前川で空き家を見つけて負傷兵を収容し、休憩をとっているとき、突然、耳がつぶれるような爆発音がとどろいて、家屋も人間もいっぺんに吹き飛ばされてしまった。艦砲の直撃弾が命中したのである。搬送してきた負傷兵もどうなったか知らないし、指揮をとっていた兵隊も見つからない。友だちを探しまわると、百名青年団からは九名が残っているのがわかった。部隊は一発の砲弾で四散してしまって、これからどうしようかと相談して、とにかく南の方へ逃げることにした。出発の前に部隊からは、「やがて友軍の飛行機が助けに来るから、それまで摩文仁《まぶに》方面へ移動して待機するように」といわれていたから、自分たちだけの単独行動で摩文仁の方に向かうことにした。

途中、友軍兵に止められて、「自分勝手に行動してはならない」とか、「手榴弾は持っているか」などと尋問されたことがあったが、とにかく南へ南へと歩き続けた。どこをどう通ったという記憶はないが、おそらく具志頭《ぐしちゃん》村を縦断したのであろう。途中の道路には首里、那覇、西原あたりから逃げてきた避難民が右往左往している光景がみられた。そこへグラマン戦闘機が低空で機銃掃射をしていくと、道ばたにたくさんの死体の列ができた。小さい子どもが死んだ母親のオッパイを吸っている姿があちこちで見られた。倒れている子どもたちが、軍服姿の救護班の娘たちを見て、「お姉ちゃん助けて！　お姉ちゃん助けて！」と手をのばしたり、足にしがみついてくるのを払いのけながら逃げていくしかなかった。今から思えば胸がいたむ光景だったが、あの時は自分のことしか考えられない状態だった。

摩文仁岬の一帯は想像を絶する死体の数で、文字どおり足の踏み場もないという地獄の光景の中を死体の中に足をつっこんだり、死体を踏みつけたりしながら摩文仁岳（摩文仁丘）の海側の崖下にたどりついた。崖の上の洞窟壕には、牛島軍司令官や長《ちょう》参謀長が率いる軍司令部が首里から南下してきており、ここが最後の決戦場になるはずだった。男子学徒隊の鉄血勤皇隊や工業学校の通信隊なども軍司令部とともに付近の洞窟に分散していた。海に降りる崖道の途中にカー（井泉）があった。百名女子青年団の生き残り九名は、このカーの近くの岩陰にひとかたまりになって隠れていた。カーに水汲みに行くと、水中に死体が浮いているのだが平気で水を汲んで飲んだ。食べるものはほとんどなく、この水だけが命の綱だった。

六月下旬、米軍の地上部隊が接近してきて、陸と海と空から猛烈な砲爆撃が加えられ、摩文仁の岩山は炎に包まれてしまった。崖上にいた顔見知りの兵隊が火炎放射をあびて目の前にころがり落ちてきた。まるでヒージャー（山羊）のように丸焼けにされて、哀れな姿になっていた。

六月二〇日すぎの日中、摩文仁岳への集中攻撃は止んで、あたりは静かになっていた。正面の軍艦からアメリカ兵が、「戦争は終わりました。出てきなさい、出てきなさい」とスピーカーで呼びかけてきた。戦争は終わった、と聞いて気がゆるんだのか、九名の娘たちは崖下の日当たりのいい場所に出てシラミとりをやっていた。

そこへ突然ドローンという轟音とともに艦砲弾が飛んできて炸裂した。何分かたって煙がはれてきてタケさんがあたりを見回すと、仲間たちの姿はウソのように消えていた。うしろをよく見ると城間トミ子さんが両足をちぎられて、出血多量でムシの息である。無事なのは自分だけだと知ってタケさんも手榴弾で後を追うつもりだったが、トミ子さんが苦しそうな息をしながら、「あんたは、わたしたちみんなが見守ってあげるから、あんた一人だけでも生きて、わたしたちが死んだ様子を家族に報告してちょうだい」と言い残してこときれた。

タケさんは友人の遺言を実行しなければならないと自決を思いとどまり、死ぬなら自分のムラに帰ってからだと考えて東へ東へと歩き出した。夜道を歩いていると敗残兵と間違えられたのか、米兵から狙撃されてピューピュー銃弾がかすめていくが、もう何も怖いものがなくなり逃げも隠れもしないで、どんどん歩き続けて港川の川も歩いて渡った。百名ワイトゥイ（切通し）の見えるところまできて夜が明けたので、どこかのガマ（洞窟）に隠れようと探していると、通りかかった避難民の人が彼女の軍服姿を見とがめて、「エー姉さん、もうイクサは終わっているよ。そんな格好で歩いたら兵隊と間違えられて撃たれるよ。わたしたちといっしょに百名まで行こうね」と、誘ってくれた。

百名から東側の知念半島は避難民の収容所になっていて、百名ワイトゥイは戦闘地区と収容地区の境目になっていた。峠の上からは八重瀬岳から摩文仁岬にいたるまでの喜屋武《きやん》半島の戦場が一目で見渡すことができる。一カ月近い激戦場となった半島は、砲爆撃で地面を削り取られて、一面石切場のように真っ白になっていて、あちこちの集落跡から黒い煙が立ちのぼっていた。

百名ワイトゥイの峠には、肉親の生還を待ちわびる収容所の住民たちが食べ物や飲み水を抱えて群がっていた。米軍トラックで戦場から運ばれてくる避難民や敗残兵の中に、家族や親類の人はいないかと毎日このワイトゥイに通ってくるのである。タケさんが着いたときも女子青年団員の家族が待ち構えていたが、タケさんは自分だけ生き残ったのが申し訳ない気持ちがいっぱいで、ただ泣きじゃくるだけで言葉が出なかった。二、三カ月たって心が落ち着いたころ、ＭＰ（憲兵）とＣＰ（民警）の護衛付きで遺族の人たちを案内して遺骨を拾いに摩文仁岬まで行った。八人の遺骨は岩陰に即死の状態で散らばっていた。ほとんど原型はとどめていなかったが、母親というものは不思議なもので、頭の骨を撫でただけでわが子であるかないかを識別できた。

考えてみればタケさんは、四四年七月に百名ワイトゥイで武部隊の来村を迎えたときから、四五年六月、軍司令部の最期を見届けた時まで、歴史の中で一瞬にして現れ、一瞬にして消えてしまった、沖縄守備軍（第三二軍）の終始を見届けた数少ない生き証人といえるかもしれない。

壕追い出しと「集団自決」

米軍の沖縄本島上陸後も玉城村役場は戦場行政を続けていた。役場壕は下親慶原《おやけばる》に構築してあった。職員には手榴弾が配られ、決死の覚悟で各字《あざ》の避難壕の連絡に駆け回った。役場の書類は、庁舎の隣の岩陰に穴を掘って保管してあったが、米軍に発見されて持ち去られてしまった。戸籍簿は役場から避難壕へ運ぶ途中に空襲を受け、避難民が右往左往する混乱の中で行方不明になってしまった。現在ある戸籍簿は戦後になって世帯ごとの申告にもとづいて新たに調製したものである。

四月一日以来、村民は避難壕から出たり入ったりの生活を続けていた。避難中でも頻繁に部隊からの動員がかかってきた。弾薬運搬や食糧供出などの割り当てがくると夜の闇を利用して地上に出て働いた。

避難壕の村民から犠牲者が出るようになったのは、五月に入り中部戦線や首里戦線が崩壊して、友軍部隊が島尻地方へ退却して来るようになってからである。

四月上旬以来、中部戦線では首里城を中心にして二重三重に構築された日本軍陣地をめぐって、一進一退の攻防戦が五〇日あまりも続いていた。最新兵器と最大規模の物量を投入した米軍の攻撃も自爆斬り込みで頑強に抵抗してくる持久戦法にはばまれて、一日平均一〇〇メートルほどしか前進できないありさまだった。米軍の損害も予想以上に大きく二カ月間の戦死傷者は約二万六千名にのぼり、戦争神経症にかかる兵士が続出し、米軍戦史でも「戦史上最も熾烈な血みどろの戦闘」と記述される激戦が続いた。

五月中旬までに守備軍は主力部隊の約八五％にあたる約六万四千名が戦死し、軍司令部でも「軍の戦力は消耗しつくした」と判断し、多くの将兵が首里城周辺で総員突撃を決行して戦闘は終わるだろうと覚悟していた。しかし軍司令部内では総攻撃論と持久戦論が対立していた。

牛島軍司令官は八原博通高級参謀にこう述懐したという。

「余が命《めい》をうけて、東京を出発するに当たり、陸軍大臣、参謀総長は軽々《けいけい》に玉砕してはならぬと申された。軍の主戦力は消耗してしまったが、なお残存する兵力と足腰の立つ島民とをもって、最後の一人まで、そして沖縄島の南の涯《はて》、尺寸の土地の存する限り、戦い続ける覚悟である」

つまり本土決戦の準備に必要な時間を稼ぐために、守備軍は摩文仁《まぶに》・喜屋武《きやん》半島に撤退して住民を巻き込んで時間を稼ぐ持久戦を続行するというのである。沖縄作戦が「時間稼ぎの捨て石作戦」といわれる理由はここにある。

五月二二日、軍司令部の作戦会議で、「残存兵力をもって喜屋武半島地区を占領し、努めて多くの敵兵力を牽制抑留するとともに、出血を強要し、もって国軍全般作戦に最後の寄与をする」と作戦方針が決まった。沖縄住民の犠牲はさらに倍加されることになった。

首里の日本軍は五月二五日ごろから島尻への移動をはじめた。軍司令部も南端の摩文仁岬に移動した。島尻地方には十数万人の地元住民と首里・那覇方面からの避難民が、洞窟や墓の中で不自由な避難生活を送ってきた。玉城村で壕追い出しと軍民混在の混乱がはじまったのも、そのころである。

六月上旬ごろから西原や与那原《よなばる》方面から米軍に追われて玉城から知念にかけての知念半島へ移動してくる避難民が増えてきた。四月下旬に球部隊《たま》（美田連隊）が首里方面に移動したあとは、知念半島は非武装地帯になっており、米軍も攻撃してこないだろうと安心して、各所の洞窟や岩陰に生活道具を並べて避難生活を送っていた。

だが、五月中旬ごろから艦砲や迫撃砲の音がだんだん近づいてきて、米軍が近くまで迫りつつあることがわかった。

五月下旬、垣花、仲村渠《なかんだかり》、百名《ひゃくな》の東部の村指定壕に役場から伝達がきた。後方部隊と交替する陸軍部隊が、首里方面から移動してきて一時休養所として使用するので、明後日の夕刻までに二カ所の壕を明け渡すように、という命令であった。指定した日の夜九時すぎ、五〇人ぐらいの兵隊がどやどやとなだれこんできた。シチナカブ壕には近隣三カ字《あざ》の住民と首里方面からの避難民が二〇〇人ほど生活していたが、皆は口ぐちに不平不満をもらしながらも、軍命には逆らえず、生活道具をかついで洞窟を出て、梅雨の悪天候の中を次の避難場所を探して右往左往することになった。夜が明けるとトンボ機が怖かった。トンボに似た小型偵察機は、頭上をブンブン飛びまわって地上に人影を発見すると海上の戦艦に合図を送る、するとすかさず艦砲弾が飛んでくる。その艦砲射撃の合間をぬって避難場所を探しているうちに、仲村渠だけでも　〇人の住民が落命している。

首里方面から撤退してきた兵隊たちは、敗残兵さながらの姿で続々と村内の壕になだれこんできた。住民避難壕に割り込んでくるのはまだいいとして、統制をなくした敗残兵たちは、地元住民に対しても危険な存在になった。軍民雑居した避難壕の中では、死の恐怖と飢餓と猜疑心とデマが横行した。玉城区では付近の畑から野菜をとってきた避難民が、友軍兵に捕まってスパイ容疑で射殺された。野菜を取り上げる目的だっただろうと思われる。また同じ集落で、自分の畑から兵隊が野菜を盗むのをとがめた老人を、スパイ容疑者として連行してきた。老人は標準語が話せなかったのでスパイとして処刑される寸前、同郷の防衛隊員が中に入ってとめた。

与那川のタチアブ壕に、二人の日本兵が割り込んできた。大里方面から進撃してきた米軍兵が壕の入口に入ってきて、避難民に向かって「出てきなさい、出てきなさい」と投降を呼びかけた。その時、洞窟の奥に隠れていた日本兵（現地召集兵）が、米兵めがけて手榴弾を投げつけたために、逆に米兵に反撃されて、洞窟内はパニック状態になり一〇人前後の避難民が米兵の銃弾の犠牲になった。

シチナカブ壕から追い出された仲村渠区民のうち、避難場所を探して彷徨している間に艦砲や機銃掃射のえじきにされた犠牲者が一〇人にものぼっている。中でも、友軍将校に個人壕を追い出された大城善太郎さんの受難は、今でも語りぐさになっている。

善太郎さんの一行はシチナカブ壕から追い出されたあと、幸喜墓の崖下にあるアサギガマという奥行き一〇メートルほどの自然壕を見つけて五家族一四人が体を縮めて隠れていたが、シチナカブ壕に陣取った部隊から呼び出されて、アサギガマは隊長が使うからすぐに明け渡せと命じてきた。善行さんは十余人の命がかかっているからと応じなかったが、たびたび呼び出されて明け渡しを強要された。しまいには「明日中に出ていかないと手榴弾を投げ込むぞ」と脅されて、仕方なく引っ越すことにした。ガマから出たのは昼間だったので、移動中の一行は低空飛行してきたトンボ機に発見されてしまい、トンボ機からの合図で海上から艦砲射撃がはじまり、至近弾の爆風で一行はちりぢりに吹き飛ばされてしまい、善太郎さんと親戚の娘さんが死亡、ほかに数人が負傷した。

壕の明け渡しを命じてきた隊長というのは、中部戦線から逃げてきた少尉で、女を連れていた。善行さんたちが追い出された壕は、その後作戦に使われた形跡もないので彼女と二人の〝別荘〟に使われたのだろうと噂された。少尉はさすがに気がとがめたのか、遺骸をイモ畑に埋葬し、土マンジュウの上に二人の名前を墨書した立派な墓標をたてて弔ったという。あとでわかったことだが、その五寸角の角材はわが大城家の一番座の中柱から切り取ってきたものだった。大正時代に建てた瓦家は、砲爆撃の中でも奇跡的に焼け残っているが、今でも隊長命令で半分切り取られた中柱には後から接足《つぎた》して補修した跡が残っている。

友軍部隊の首里撤退で壕を追い出された住民の中には、逃げ場を失って「集団自決」に追い込まれた家族もあった。糸数《いとかず》集落在住の大城ウト（仮名・九二歳）さんの話である。

「戦争中は、子どもが小さかったから、子ども三人を育てるのがせいいっぱいだった。働き手である夫は徴兵年齢はすぎていたから、直接に兵隊ではなく、軍補助員（軍属か）として戦地へ駆り出されていった。一人で子どもたちを食べさせなければならなかったので、夫の負担分まで、これまで以上に働いていた。

戦争が激しくなっていくと、壕に隠れなければならないので、近くのアブチラガマ（糸数壕）に避難しようとしたが、そこは人がいっぱいで入れないので、近くの小さな自然壕に隠れていた。玉城はもともと米軍の攻撃というよりも日本軍が占領していたため、壕の中で指揮をとっているのは日本兵で、米兵は鬼畜だと教えられていた。そのため、壕の中では日本兵から一人一個ずつ手榴弾が手渡され、自決をすすめられた。また、捕まったら捕虜になるのではなく、この手榴弾で自決しなさいと命令されていた。そして、ますます戦争が激しくなって、知り合いの人々が亡くなっていくので、手に持っている日本兵からもらった手榴弾で子どもたちといっしょに自決しようと考えた。手榴弾での自決は怖かったが、アメリカ兵の方がもっと怖かったから。

それで壕の中でその手榴弾で子どもたちと自決をはかったが、その際、子どもたちが上に覆いかぶさったため、それがカバーになって、子どもたちは三人とも亡くなり、私だけが生き残った。その後、何度も死のうと考えたが、その後のことはあまり覚えてない。自決のとき、足を怪我したためアメリカ兵に見つかって、捕虜になったために助かることができた。その時の手榴弾の傷跡がいまでも残っていて、歩くときは杖を使わなくては歩けない。アメリカ兵の捕虜になると、足のケガを処置してくれたり、食事をもってきてくれたり、今まで聞かされた話とはまったく違うので驚いた。終戦直後、上の兄や親戚の人たちがたくさん戦死したのを聞かされた」（二〇〇五年、証言記録）

糸数壕（アブチラガマ）の惨劇

（1）連隊司令部壕

わが村の中部丘陵地帯に位置する糸数《いとかず》集落に糸数壕がある。糸数城跡の西側の地下にのびたアブチラガマという地下洞窟を駐屯部隊が整備したもので、規模といい設備といい沖縄屈指の陣地壕といってよい。

三十数年まえ、沖縄戦を考える会（のち平和ガイドの会）が「観光コースでない戦跡めぐり」のスポットとして道筋をつけた場所だが、現在は、玉城《たまぐすく》村役場（現南城市）が整備・管理して修学旅行団の平和学習のスポットとして脚光をあびている。なかには整備される前に比べ、洞窟の深い闇と静寂の中でイクサ世《ゆー》の人々の苦難に想像をめぐらして、戦場を追体験するという雰囲気が薄らいできたと嘆く人々もいるが、いまでも沖縄平和ネットワークに送られてきた修学旅行の高校生、中学生の感想文集など読むと、沖縄旅行で一番印象に残った場所として、糸数壕が一位か二位を占めることに変わりはない。

ただ、糸数壕をめぐる物語は、長く複雑で多岐に渡っているので、一時間前後の説明でどれだけ当時の状況を伝えることができるか、不安と後悔が残るのが常である。この機会に、「軍民混在の戦場」という沖縄戦の特徴をなまなましく物語るこのガマ（洞窟壕）でのできごとを整理しておきたい。

アブチラガマは糸数集落の北端の民家と隣接した場所にありながら、沖縄戦がはじまる以前は地元の人たちにもあまり知られてない場所だった。沖縄本島の読谷《よみたん》以南は隆起サンゴ礁でできた琉球石灰岩の地帯で、地下には無数の洞窟（ガマ）が網の目のように広がっている。古代、多くのガマは村の共同体の風葬墓として利用されてきたので、死者たちが眠る幽暗の空間としてめったに人々が近づかない場所だったのである。

アブチラガマが注目されるようになったのは、わが村に戦闘部隊が入ってきてからである。一九四四（昭和一九）年夏に武《たけ》部隊（第九師団）が村内に駐屯して陣地構築をはじめた。武部隊は村民を根こそぎ動員して陣地づくりに邁進したが、その基本方針は大本営から下令された「島嶼守備要領」に示されていた。大本営はサイパン陥落の戦訓から、「艦砲にも耐えられるような堅固な陣地を構築し、持久戦を維持すべし」と命令してきた。破竹の勢いで進攻してくる米軍から日本本土を防衛するためには、台湾や沖縄（南西諸島）で持久戦を続けて時間を稼ぐ必要があったからである。その「堅固な陣地」の見本のようなものがアブチラガマに整備された糸数壕であって、この地下陣地ではある意味での「持久戦の見本」ともいうべき、異常な戦術が実行されたのである。

突貫工事で陣地づくりをすすめる武部隊では、当然のこととしてアブチフガマの整備を計画して洞窟の調査と測量を進めていたが、突然の台湾移駐命令で作業は中断してしまった。その後に中部から石《いし》部隊（第六二師団）が移動してきたが、この部隊も二カ月もたたないうちに浦添の前田高地（浦添城跡）に移動になった。大本営と現地軍の間のぎくしゃくした関係がめまぐるしく計画を変更させ、現地の実戦部隊を混乱させているのだった。

四五年二月一日付で配備変更が行われ、石部隊にかわって球《たま》部隊の美田連隊（独立混成旅団第一五連隊）が玉城・知念に移動してきた。美田連隊は米軍上陸予想地点の港川海岸を見下ろす糸数城跡に布陣するとともに、アブチラガマに旅団工兵隊を投入して地下陣地の整備に着手した。

糸数壕は「上のガマ」と「下のガマ」の二つの区画に分かれる。上下のガマ（洞窟）は地下の細い横穴で草刈鎌の形につながっているのであるが、出入り口が別々になっているので、表からは二つの洞窟のように見える。上下あわせると全長二七〇メートルほどになる。

鎌の柄にあたる下のガマは、民家の屋敷裏の南口から地下深く一直線に北にのびていて、北口に出る。全長およそ二〇〇メートル。突きあたりの傾斜地をのぼって北口を出ると、下のガマより一段高い崖下に三日月形の洞窟が黒い口をあけている。鎌の刃の部分にあたる奥行きの浅い洞窟は、東西に六、七〇メートルほどのびている。誰の目にも下のガマの方が規模も深さも優れていて安全である。部隊は下のガマを重点的に整備して戦闘司令部を置き、上のガマを糧秣《りょうまつ》倉庫（物資置き場）に利用した。

玉城村役場では、敵は港川海岸から上陸するという想定で、村内に残留している村民には集落ごとに避難壕を指定してあり、糸数区民にはアブチラガマを割り当ててあった。だが、港川沖から空爆と艦砲射撃がはじまった三月二三、四日から連隊本部が壕内に司令室を移してきて、一般住民は立ち入り禁止になった。村役場から指定避難壕への移動を指示したときには、糸数区民は上のガマの食糧倉庫の側に身を寄せるしかなかった。沖縄戦中の軍民混在の洞窟壕の中では、持久戦を豪語する兵隊は、常に奥の安全な場所を占拠し、避難民は入口に近い危険な場所に押しやられるといった共通した構図が見られた。

下のガマの司令部壕の中は立派な地下要塞になっていた。地下水が小川となって流れ、戦場で最も貴重な飲み水の心配はなかった。小川の上に木材を渡して土台を築き、通路と兵舎ができていた。兵舎は二階建てで、糸数集落から赤瓦家を五、六軒買い上げてきて移築したものだった。電気明るい電灯の下に、炊事場、ポンプ式井戸、食糧倉庫と武器弾薬庫などが立ち並んでいた。

は糸数区の製糖場の発電機から引いてきたものだった。食糧倉庫には南風原《けえばる》の野戦貨物廠から運んできた飯米、小麦粉、油、乾燥野菜、乾燥味噌などが山積みになっていた。美田連隊は本部《もとぶ》半島の八重岳から中城《なかぐすく》の屋宜原《やぎばる》、屋宜原から玉城《たまぐすく》へと配置換えになってきたが、本部で徴集した炊事班の婦人義勇隊三〇名も従軍してきていた。さらに、将兵専用に掘り抜かれた南口の近くに慰安所の部屋があって、派手な民族衣装をつけた従軍慰安婦が十数名いた。数百人の人間の呼吸で空気が汚れるので、南側の岩天井には空気穴があけられ、その下に便所が設置してあった。

しかし、持久戦に備えて構築した堅固な地下要塞も、いざ地上戦闘がはじまってみると戦闘指揮所としての機能を発揮することなく放棄される運命にあった。四月二七日、またまた美田連隊に移動命令が下されたのである。この時期、首里城を取り巻く中部戦線では、一進一退の攻防戦が続いており、さきに玉城から移動していった石部隊は三週間余の激戦でほとんど兵力を消耗させていた。これを補充するために美田連隊に前線への移動命令が下された。もともと敵の上陸に向けて整備された糸数壕だったのだが、再び空振りに終わってしまったのである。

（２）陸軍病院糸数分室

四月二七日から二八日にかけて夜の闇をついての美田連隊の将兵と、途中から合流してきた海上挺進隊、これに付属した防衛隊・義勇隊が首里西方の前線へ出撃していった。上のガマや下のガマの糧秣倉庫に山積みされていた食糧や弾薬類は、おおかた残して出発せねばならなかった。残された物資を保管するために、伍長と監視兵三人だけを残していった。慰安婦も置いていくほかなかった。この残された大量の食糧と監視兵が、やがてこの壕の災いの火種になるのである。

四月二八日から五月一日にかけて、美田連隊と入れかわりに南風原の陸軍病院から大勢の重傷患者と医療団が糸数壕に入ってきた。連隊本部壕は陸軍病院糸数分室（分院）と名称が改まった。院長は前にも書いたが村内富里で開業している幸之一病院の大城幸雄医師で、私（筆者）もしばしばお世話になったことのある村医者である。戦場化とともに県内の医者と看護婦はまっさきに召集されて、各部隊の野戦病院に配属される仕組みになっていたのだ。

大城軍医のもとに医師二人、看護婦三人、衛生兵八、九人が配属されていた。さらに大城知善教諭に引率されて、師範女子部のひめゆり学徒隊一四人（のち二人増）も移動してきた。重症患者の移送には防衛隊が従事させられた。激しい砲爆撃の合間を縫って、四人一組で担架にのせて運ぶ作業はまさに命がけの行軍であった。糸数分室に収容された重傷患者は約六〇〇人、これらの患者に毎日一個ずつの握り飯と水を支給し、麻酔なしの外科手術を手伝い、糞尿の世話から死体の埋葬などが女子学徒の日課だった。五月中旬、病院壕の中の重傷患者はどんどん増えて、看護の手がまわらず、重傷患者はウミとウジにまみれて毎日六人から一〇人ぐらいが死んでいった。軍医も看護婦も学徒隊員も阿鼻叫喚の中で疲労困憊《こんぱい》の日が続いた。

糸数分室の看護活動も長くは続かなかった。五月二五日、軍病院から南部への撤退命令が伝えられた。六月一、二日、ひめゆり学徒隊は歩行可能な傷兵約五〇〇人の患者を助けながら雨の中を南へ向かって出発した。歩行不可能な重傷患者には乾パンと青酸カリが配られた。青酸カリを溶かしたミルクを飲ませて強制的に〝処置〟したケースもあった。

南下の途中、砲弾や銃撃を受けて死傷した者も少なくなかった。ひめゆり学徒隊は大城教諭に引率されて第三二軍陸軍病院の最期の地、伊原の第二外科壕へ向かった。

(3) 敗残兵と避難民

六月二日にひめゆり学徒隊が南部へ撤退したあと、一般住民にも移動命令が出た。一部は出たが一部は残った。結局、壕内には、糧秣監視を任務とする伍長とその部下、青酸カリを与えられて置き去りにされた重傷患者百数十人と糸数住民が約二〇〇人、さらに途中から敗残兵や防衛隊員が三々五々に合流してきた。上のガマの倉庫付近に避難していた糸数住民約二〇〇人も、下のガマに移らせ伍長と監視兵の指揮下に置いた。ただし、奥の方の二段ベッドには重症患者が寝かされているので、一般住民の立ち入りは禁止され、炊事係の婦人たちだけが救護の世話をさせられた。地元村民の中には避難民の保護誘導のために派遣されていた村役場の職員と、在郷軍人会の幹部も含まれていたが、彼らも伍長の指揮下に置かれて銃をもって歩哨に立たされた。これ以後、糸数壕の避難民や傷病兵の行動は伍長の指揮の下、監視兵や地元幹部の数人の手に掌握されることになる。

糸数壕の支配権をにぎった伍長は、壕内の傷病兵や避難民に対して絶対に外へ出てはならないと命じた。敵に投降した者はスパイと見なして処刑する、という意味だった。さらに外部から侵入してくる住民も敵のスパイと見なして射殺するように命じて、上下のガマの出入り口に常時三、四人の武装した防衛隊員を交代制で日夜立哨させて外敵の侵入を警戒させた。壕内の糧秣をあくまで確保するというのが名目であったが、ある意味では避難民や傷病兵を楯にして持久戦を続けたともいえる。地元の防衛隊員にも避難民にも手榴弾が二個ずつ配られた。伍長は集団自爆用に対戦車用の爆雷も保管してあった。

ひめゆり学徒隊が壕を出て行った直後の六月三日ごろから、首里戦線から進撃してきた米軍が糸数集落にも侵入してきた。

六日ごろから糸数壕は地上からの馬乗り攻撃をあびた。上の壕の糧秣倉庫がまっさきに攻撃され、歩哨に立っていた監視兵三人が射殺され、保管してあった糧秣が焼き払われた。下のガマでは、北口から米兵二人が壕内に突入しようとしたが、壕内から日本兵に狙撃されて撃退された。壕内の抵抗が明らかになってからは米軍の攻撃も本格化した。

六月八日には、北口から黄リン弾が投下されて多数の死傷者が出た。

一〇日にはドラム缶二〇本分のガソリンが投入され火をつけられたが不完全燃焼でガスが発生し、幼児や老人や傷病兵など二〇人が死亡した。南側の空気穴からもたびたび黄リン弾が投入された。黄リンは酸素がなくても発火するので、米軍が洞窟戦用に開発したといわれる。

一三日、一四日には地上の洞口から野砲を撃ちこんできた。

六月中旬、たびたびの投降勧告にも応じない壕内の反応に業を煮やした米軍は、ブルドーザーを動員して生き埋め作戦にでた。北口の大きな洞口が土で埋められたが、避難民はわずかに上のガマに通じている小さな横穴を見つけてそこへ移動したので、窒息死はまぬがれた。

この間に地上ではすでに戦後のアメリカ世《ゆー》がはじまっていた。私のムラの百名は避難民収容所に指定され、南部戦線で保護された数千人の避難民がテント小屋で暮らしていた。警察も病院も学校も設置され、民政官のもとで軍政がはじまっていた。ＭＰ（憲兵）のもとにＣＰ（民警）が置かれて治安にあたっていたが、彼らはしばしば糸数壕に派遣されて敗残兵の説得に当たらされていた。

防衛隊にとられていた私の叔父福栄も、首里戦線から逃げ帰ってきて浜川のウルク山に隠れているところを捕虜になり、どういう理由からかＣＰに任命されて大前のお宮に開設された警察署に勤めていた。ある日、ＭＰのジープに乗せられて糸数壕に連れていかれ、避難村民への投降勧告をやらされた。同じ村民が方言で呼びかければ信用して出てくるだろうと、南側の出入り口に近づいて声をかけると、中からパラパラと銃弾が飛んできた。驚いたＭＰたちは叔父を置きざりにしたままジープで逃げ去った。「あのときは生きた心地がしなかった」とおりおり述懐していたが、叔父といい父といい、「アメリカ兵より友軍兵が怖かった」というのが口癖だったのは、このような体験から出た本音であろう。

糸数壕に対する馬乗り攻撃と並行して、米軍はあの手この手で壕内避難民の救出活動を続けたがほとんど効果が得られぬままに二カ月が経過した。この間に、壕内外では敗残兵による奇妙な〝スパイ狩り〟の犠牲が続出していた。

百名収容所に収容された避難民たちは、生命の安全は一応保障されたものの、日々収容者が増えていくにつれて、戦闘部隊の余剰物資から配給される食糧だけでは空腹を満たすだけの量にたりなかった。収容所の住民の中でも、糸数壕に大量の食糧が保管されていることを知っていた地元の村民は、立ち入り禁止区域の糸数まで越境して食糧あさりに出かける者がふえた。彼らが壕に近づいてくると中から銃弾が飛んできた。壕内には見張所があって、敗残兵や住民から選抜された男女二人ずつの監視要員が銃をもって交代制で見張りについていた。「壕に接近してくる者は敵側スパイと見なして射殺せよ」という命令が、壕の支配者の伍長から厳命されていた。

当山集落の元防衛隊員の中年男性は、食糧探しの目的で北口から入ろうとするところを警告もないままに中から銃撃されて即死した。糸数集落の初老の男性は自分の名を名乗って、「自分が置いてある食糧を取りに行くだけだから撃ってはいかんよ」と大声をあげながら、上のガマから入ろうとするところを無言のうちに射殺された。百名集落の老人と垣花集落の初老の男性は、まだ壕内にとどまっていると聞いた家族を迎えに二人連れで壕に入ったところ、伍長に見つかって尋問され、「貴様らはスパイだ！　たたっ斬る！」と抜刀して迫ってきたのを、たまたま居合わせた知人のとりなしで斬殺はまぬがれたものの、スパイ容疑は晴れず、二人とも手足を縛られて三、四日食事も与えられずに拘束されていたが、一人は縄がはどけたために脱走、残る一人はたまたま避難民の中に妻子がいることがわかったので、「絶対に逃げない」という条件で家族との避難生活を許された。

ほかにも、「戦争は終わったから出てきなさい」という手紙を書いて洞口に投げ込もうとして銃撃されたとか、重傷兵が脱走しようとして射殺されたとか、これに類する噂は今に伝わっているが、確認はされていない。とにかく、「米軍に保護された者はすべてスパイと見なして銃殺する」という軍律は、全員投降で糸数壕の惨劇が幕を降ろすまで壕内の人々を支配していたのである。

糸数壕の敗残兵と避難民がようやく地上からの説得に反応するようになったのは、八月一五日の敗戦から数日たってからである。米軍はくりかえしスピーカーで、戦争は終わったから安心して出てくるようにと呼びかけ、地元の住民も手紙を書いて壕内の肉親を説得していた。さすがに敗残兵グループも態度を軟化させるようになって、状況確認のため代表を地上に送って収容所の様子などを視察させたあと、最後に数名の敗残兵と一〇〇人たらずの住民が壕から出てきたのは、八月二二日のことだった。

米軍との遭遇

(1) 百名収容所

私が住んでいる玉城村《たまぐすく》(現南城市《なんじょう》)の百名《ひやくな》集落の東端に、百名ワイトゥイ(割取・切り通し)がある。便宜的にこれを百名峠と呼ぶことにする。

峠の頂《いただき》に立って西方をのぞむと、北端の八重瀬岳から南端の摩文仁岬にいたる喜屋武《きやん》半島の全景を一望することができる。六十数年まえの六月、一カ月近くにわたって鉄の暴風が吹きあれ、火炎放射が奔流をなした南部戦線の舞台である。

眼下に具志頭村《ぐしかみそん》港川のユヒ川の流れが見える。この川が戦場と非戦闘地区の境界線で、南部戦線で〝捕虜〟になった人々は港川に集められ、ここで米軍トラックに乗せられて百名収容所に運ばれてくる。ユヒ川の橋をわたって玉城村に入った途端に、その人は「死線」を越えたことになる。しかしまだ安全地帯ではない。糸数壕にはまだ敗残兵が抵抗を続けているような状態だから、玉城村の西半分はまだ日本人は立ち入り禁止区域である。日本兵や避難民を乗せた米軍トラックは曲がりくねった坂道をのぼって、さらに東へ進んで百名峠にいたる。百名峠から東側ではすでに戦後のアメリカ世《ゆー》がはじまっていた。

私の二度目の「軍隊との遭遇」は、この百名の収容所で体験する。

米軍は戦場で保護した沖縄住民を難民として扱い、六月初旬に百名峠から東の知念岬にいたる半島の南側を非戦闘地区として遮断し、避難民の収容地区に指定した。初期には百名、仲村渠《なかんだかり》、垣花の玉城村東部三字《あざ》に限られ、百名収容所と呼んでいたが、収容地区の西端にある百名には毎日のように避難民が送られてきて、六月中旬になると寄留民の数は四、五千人に膨れあがっていた。収容地区も知念村の志喜屋、山里、久手堅《くでけん》などの東側へと拡大され、避難民を収容するテント小屋がひしめき、名称も知念収容所と呼ばれるようになった。九月には戦後の地方自治制がスタートして市長選挙が行われるが、このころには一帯の人口は二万人をこえるようになり、看板も「知念市《ちねんし》」と書き換えられるようになった。

収容所には避難民目当ての様々な公共施設が出来ていた。民政官事務所、憲兵隊（ＭＰ）本部、中央病院、初等学校、孤児院、養老院、配給所、劇場等々。

港川からトラックで運ばれてきた人々は、百名の憲兵隊（ＭＰ）で尋問を受けた。本籍、氏名、生年月日、官等級などが厳しくチェックされ、軍人・軍属とわかると屋嘉《やか》の収容所へ送られて正式に「捕虜」として取り扱われた。沖縄出身の防衛隊や義勇隊、学徒隊なども軍服をつけておれば屋嘉捕虜収容所送りになるが、たいていは身分をごまかして「琉球人」と申告すれば収容地区住民として認められた。米軍では、日本兵は「ジャパニー」と呼び、沖縄住民は「琉球人」と呼んで区別していた。

米軍は上陸直後から占領地区の住民に、ニミッツ布告（米国海軍軍政府布告）を公布して避難民収容所で軍政を開始した。ニミッツ布告第一号は「米国軍占領下ノ南西諸島及其近海居住民ニ告グ」と題して、奄美を含む北緯三〇度以南の南西諸島における日本政府のすべての行政権の停止と軍政の開始を宣言するものであった。ひとことで言えば、沖縄は日本から切り離され、「祖国なき太平洋の孤児」となったのである。第二号は「戦時刑法」で米軍に対する敵対的な行動を厳しく禁じ、夜間の通行や日の丸・国歌などの使用を禁ずるなど、占領下の住民の人権を厳しく制限する内容であった。

アイスバーグ作戦（沖縄攻略作戦）の指揮をとったニミッツ提督の名で公布された、いわゆる「ニミッツ布告」は沖縄上陸前から第一〇号まで用意されていて、裁判・通貨・銀行・麻薬取り締まり・財産管理・一般警察・公衆衛生・交通など軍政に必要なあらゆる分野を網羅しており、これが後の沖縄統治の基礎になった。米軍が沖縄の長期占領を視野に入れた周到な準備をしていたことがうかがえる。

沖縄本島に上陸した米軍は、上陸五日目に読谷村比謝《よみたんひじゃ》に軍政府を開設し、南部の知念地区と石川以北の北部地区に一二カ所の収容地区を設置し、戦闘部隊とは別に住民対策の軍政にあたる民政官を配置していた。彼らは、上陸早々に地区民政官事務所を通して戦後経営にあたっていた。民政官たちは「琉球住民」に対してはきわめて親切だった。おそらく、沖縄戦の経験から沖縄の戦略的な価値に注目し、長期占領を視野に入れた宣撫《せんぶ》活動に力を入れていたのであろう。

収容所の住民には食糧、衣服、医療品、テント小屋などが与えられた。ただし、無償というわけではなかった。「無償配給」を受ける代償として「軍作業」と称する労務の提供が義務づけられていた。軍作業は、男性は飛行場の拡張整備とか軍用道路の工事とか弾薬運搬など、女性は洗濯、炊事、ハウスメイドなどだったが、まだ戦争が終わったわけではないから、日本軍から見れば利敵行為になる。敗残兵たちは軍作業に通っている沖縄住民を「スパイ」と見なして、夜襲をかけたりした。だから、避難民収容所にも一時期は鉄条網が張りめぐらしてあったが、これは避難民の脱走を防ぐためでなく、ゲリラ化した日本兵の侵入を防ぐための防護網であったのだ。

収容所の住民に対して比較的親切であった米軍政府も、住民の通行制限には厳しかった。収容所以外の区域にはオフリミッツ（立入禁止）の標識が立てられ、昼間道路を通行するだけでも検挙されることが多かった。要するに、住民を収容地区に囲い込んでおいて、それ以外の要所に飛行場や軍事施設をどんどん建設していった。沖縄の戦後は「はじめに基地ありき」からはじまった

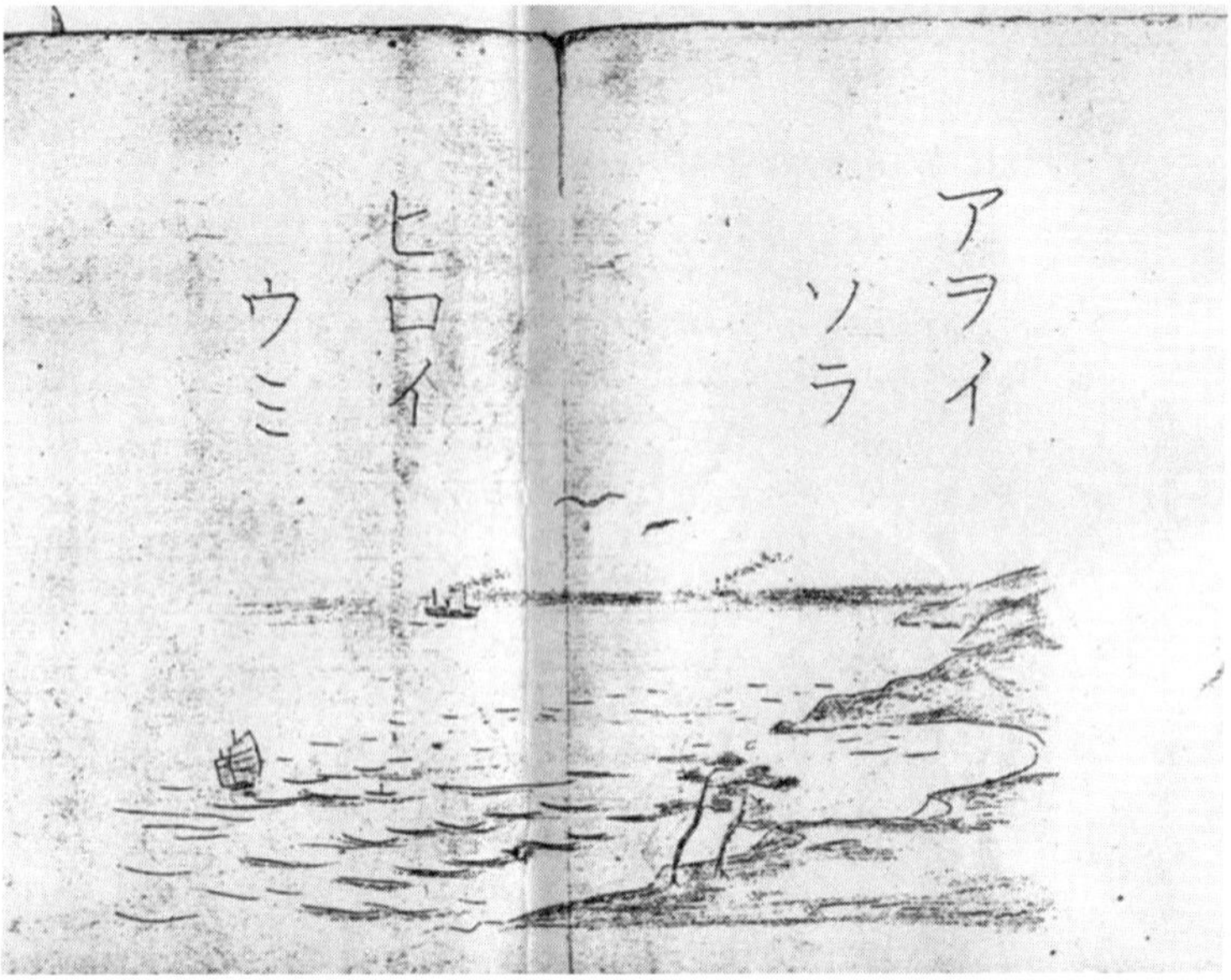

青空教室で使われた一年生用ガリ版刷り教科書。

のである。

(2) 青空教室

私は一九四六(昭和二一)年四月に疎開先の熊本の国民学校に入学して、同年九月に引き揚げてきて百名初等学校へ転入した。いわば戦後新教育の一期生である。

百名収容所には首里・那覇出身の避難民が収容され、畑にも山にもいたるところテント小屋が密集していた。学校といっても教室もなければ机や椅子もない。米軍払い下げの木箱を寝かせて机とし、地面にカマスを敷いてあぐらをかいて座る。雨が降れば座る場所がないから学校は休みになる。その代わりアフリカマイマイをとりに山へのぼっていく。食糧不足の時代にアフリカマイマイやソテツの根っこは貴重な栄養源であったのだ。

ノート一冊もない学校生活だったから、何を勉強したのか覚えてないが、ただ一つガリ版教科書の「よみかた・一年生」という教科書の第一ページの文字と挿絵だけは印象に強く刻まれている。たぶん回し読みで読んだのだろうが、「アヲイソラ　ヒロイウミ」という一〇文字が見開き二ページに書かれている。そのときはそれほど意識したわけではなかったが、戦争ですべてを失ってしまった郷土で、傷もなくまるごと残っていたのは空と海だったのだと、後年になってしみじみ思い出されるのである。沖縄の戦後の出発はゼロからの出発といわれるように、沖縄教育の出発も青空教室とガリ版教科書から出発したのだった。私はその第一期生であることを大事にしたいと思っている。

廃墟になった島で、教育の復活は予想以上に早かった。衣食住の充足をも待たずにほぼ同時に手がつけられた。食糧確保に躍起になりながらも、民族の永遠の計を忘れなかったということであろうか。避難民たちが再建した戦後第一号の学校は、石川避難民収容所の中の石川学園（現城前小）で五月一〇日といわれているが、ちょうど首里北方の主陣地地帯では一進一退の激戦が続いていたころである。わが村の百名収容所の学校開設は七月一六日で、母の実家の安里家の庭で開校されたことが記念碑に刻まれている。石川と玉城では戦闘の推移がそれだけ長い経過があったことを示しているのだろう。

初期の学校にはもちろん校舎も教材もなかったから、青空のもとで砂地に文字を書いて学習の第一歩を踏み出したのだった。知能の啓発よりも、子どもたちの心身の安全を守り不良化への傾向を封じるところに第一の意義があったという。

学校の開設はもちろん軍政府の援助によるものであったが、より以上に親たちの要求と教師たちの使命感が大きな力になったことは否定できない。食糧はアメリカに頼ることもできるが、教育だけは自分たちの力で築いていくしかないのだ。生き残った教師たちは収容所の中で自発的に教育会議を開き、米軍政府に要請して学校開設の許可を得た。長い戦火で多くの教師を奪われたが、その穴を埋めるために中学生や女学校生まで教壇に立ってもらった。教育会議の合い言葉は「教育さえしっかりしておれば沖縄を誤らせない」という言葉だった。

四五年八月には米軍政府内に教科書編纂所が設置され、ガリ版刷りの教科書を発行して、四六年四月からの新学制による本格的な学校教育のスタートに間に合わせることができた。

教科書編纂《へんさん》は無から有を生み出すような作業だった。資料が何一つないところから、記憶だけをたよりに原稿が書かれた。米軍政府からは編集方針として、①軍国主義的な教材を除く、②超国家主義的なものを除く、③日本的な教材を載せてはいけない、という三条件が示された。後になって、「特に米国に関する理解を深めること」が追加されて、小学校一年から英語を課したりするが、とにかく、ガリ版教科書をもとに「日本語による教育」という道筋が示されたのだ。

ニミッツ布告によって日本から分離された沖縄の将来は、だれにも予測できるものではなかったが、現実には「日本人としての教育」がスタートしていたのである。文化遺産といえるものが何一つない廃墟の中で、青い空と広い海を眺めながら、「アヲイソラ、ヒロイウミ」と読み方の勉強をしていたあの光景がいまでも鮮明に浮かんでくる。

この時期の沖縄住民の生活状況を、米国のある学術雑誌は次のようにリポートしている。

「社会は分裂し、子どもは両親から、夫は妻から、隣人はそのまた隣人から切り離されていた。完全な無秩序に加えて飢餓、負傷、不潔、病気がはびこった。しかし、社会を再生させようという力が、沖縄住民の培われた習性や動機の中に潜んでいた。彼らは彼らとその祖先が何代も生きた社会の秩序にもどる用意ができているのである。このように明確に形づくられた思想形式と行動力は、一大災難といえども、くつがえすことはできなかった」（米軍調査団レポート）

（3）戦果《せんか》ブームと強姦事件

沖縄を占領した米軍は二つの顔をもっていた。一つは、日本軍国主義者から沖縄人民を解放したのだと民主主義とヒューマニズムを誇らしげに宣伝し、哀れな避難民たちに気前よくプレゼントをばらまき、軍政府が「琉米親善」のシンボルとして強調するときの顔である。

私もその恩恵にあずかったギャング・エイジの一人であった。学校帰りに道ばたに立ってジープやトラックが通るたびに「ハロー！　ギブミー、キャンディー！」などと叫んで手を振ると、頭上にプレゼントの雨が降ってくるのである。日曜日には山の上の親慶原《おやけばる》のキャンプ（知念キャンプ）からアメリカーたちが、ハニーと呼ばれる沖縄女性を連れて百名ビーチに遊びにくるので、われわれ悪ガキどもには「戦果」のかせぎ時であった。孤児院から通学する同級生たちは年中腹をすかせているので、「戦果」をあげるにも組織的かつ大がかりで、砂浜にこしらえたリングでボクシングの賭け勝負を興業してＧＩたちから賞金をかせいでいた。賞金といってもコカコーラ一本とかラッキーストライクの煙草が一個とかのものであったが。

学校の先生たちは、「沖縄人はギブミー民族と笑われておる。アメリカさんに物をたかるようなコジキのまねはやってはならぬ」などと生活指導に力を入れるのだが、知念キャンプの軍作業で働いている大人たちの方が、もっと大がかりな「戦果」稼ぎの見本を見せていた。戦利品には袋詰めのメリケン粉や、缶詰の肉類、タマゴ粉、チーズやバターなどの食糧品、軍服や軍靴、毛布やパラシュート、それにトゥーバイフォーの木材やベニヤ板など衣食住を補充するのに役立った。戦闘用の鉄カブトや銃剣や薬莢《やっきょう》なども鍋や包丁や花生けなどの代用品になった。

軍用物資を盗んできては「戦果をあげた」と自慢する世相で、罪の意識はまるでなかった。軍政府はたまりかねて、「かかる窃盗行為はＣＰ（民警）に射殺するように命じてある」と警告したが、飢餓線上にあえぐ人々の命がけの行為であるから容易に止むことはなかった。一九五〇年の『うるま新報』紙によると、「戦果かせぎで米兵に撃たれた者、昨年中に死傷五五〇人」とあるが、この数字は氷山の一角であろう。一方では親切なアメリカーたちが見て見ぬふりをして〝琉米親善〟につとめている風潮もあったのである。

アメリカーたちはサンタクロースのような善良な笑顔を住民に振りまく一方で、もう一つの征服者の傲慢な顔ももっていた。新聞記事によると、四九年の後半期「六カ月間の米兵による犯罪、殺人二九件、強姦一八件、強盗一六件、傷害二三件」とある。もちろん氷山の一角にすぎないであろうが、とくに強姦事件については一〇倍から数十倍にはなろうというのが実感である。

強姦事件についてはなまなましい記憶がいくつかある。

収容所のあちこちに酸素ボンベの空き殻がつるしてあった。区事務所の集合図や時報を告げる時鐘として打ち鳴らすこともあったが、もともとはアメリカ兵が「ムスメ・ハンティング（娘狩り）」に襲ってくるときの警戒警報を告げる非常用として各所に設置したものだった。夜間にボンベ鐘が乱打されると若い女性たちはあわてて床下や馬小屋の天井裏などにかくれた。また、大勢の避難民たちが表に飛び出して指笛を吹き鳴らしたり、洗面器や空き缶を打ち鳴らして米兵たちを追っ払ったりする事件がしばしばあった。それでも拳銃を乱射しながら集団で襲ってくる悪質な連中もいて、どうしても防げない場合も多かったが、事件の性質上おもてに出るのはごく少なかった。「イクサに負けたのだから仕方がないさ」と泣き寝入りするケースがほとんどだった。

一九四六年一〇月、沖縄民政府が石川市東恩納《ひがしおんな》から玉城村親慶原《おやけばる》に移動してきたので、民政府の高官たちがわが家の近くにも住むようになった。当時、犯罪取り締まりの最高責任者であった警察部長の仲村兼信氏も、わが家の近くの規格住宅に住んでいた。そのご縁で後年回顧録の編纂を手伝うことになったが、終戦直後の民警察が最も頭を痛めたのが、住民の側の戦果ブームと米軍の側の米兵犯罪で、中でも頻繁に多発するGIたちの強姦事件にはお手上げ状態だったと回想された。見せていただいた沖縄警察本部の報告書によると、終戦翌年の四六年だけで四三九件、四九年までに一〇〇〇件を超えている。「泣き寝入りしたのを含めると氷山の一角にすぎないだろう」と、仲村氏自身が書いている。同資料からとくに悪質と思われる事例を拾ってみよう。

1 四六年四月一二日深夜、田井等《たいら》憲兵隊勤務中の白人兵二名が酒気を帯びて留置場に来て看守に拳銃を突きつけ脅迫したうえ、売淫被疑者として留置中のA子（二五歳）、B子（二六歳）両名を房内において強姦した。

2 四六年四月二一日午後三時、C子（二一歳）が用件を済ませて帰宅中、ジープに乗った白人兵三名が通りかかり、C子を海岸のアダン林の中に連れ込み強姦した。

3 四六年六月一三日深夜、小禄《おろく》村の民家に二名の米兵が侵入、戸主のD氏が大声をあげたため、米兵二名は逃走しながら屋内に向けて拳銃を発射、就寝中のE子、F子に対し傷害を与え逃走した。

4 四六年八月一八日、首里市のG氏宅に黒人兵三名が強姦の目的で侵入、G氏が妻や近所の嫁をかばって抵抗したため、犯人の一名がナイフでG氏の頭部に斬りかかり頭部に裂傷を負わせた。

5 四六年一〇月一二日、越来村《ごえくそん》診療所付近を通りかかったH子（二〇歳）が、中型トラック（黒人七名乗車）に拉致せられ与那原《よなばる》方面に連行され、付近の山野に於いて黒人兵六名より輪姦せられ二時頃大型トラックに乗せられ越来村照屋十字路において降ろされた。

6 四六年一〇月一五日、首里市山川の三叉路において首里警察署勤務の二名の巡査I、Jが交通取り締まり中のところ、黒人兵二名が通りかかり、「ムスメ、ムスメ」と女の斡旋を要求したのに対し、両名がこれを拒絶したため拳銃を上空に向けて威嚇発射し、立ち去った。

以上、四六年だけで警察本部に報告された主な事件である。

この他に、仲村兼信氏にとっても、また私自身にとっても忘れることの出来ない事例があと一件のこっている。玉城村船越で起こった崎原巡査殉職事件である。

四五年一一月二九日、玉城村の西端に位置する船越一、二区はようやく立ち入り禁止が解除されて国頭《くにがみ》疎開者の帰還がはじまったばかりで、集落周辺の無人地帯には甘藷や野菜類が放置されたままに生い茂っていた。収容所では食糧不足を補うために婦人だけの農耕班を編成して、特別な許可を得て無人地帯に入り農作物を調達していたが、もちろん婦人だけでは危険だからCP（民警）が警護につくことになっていた。この日は崎原恒喜巡査が同行して芋掘り作業を監視していたところ、大里村の村境付近で黒人兵が二名の女性を拉致して暴行を加えようとするのを発見、これを救助しようと駆けつけて格闘となり、崎原巡査は警棒を振りかざして立ち向かったが、相手は拳銃を発砲して巡査を殺害、どこへともなく立ち去っていった。

この事件が有名になったのはもちろん現職警察官の殺害という性格もあるが、この事件を題材に南洋デブー一座が劇化して、各地で上演したために沖縄住民の同情と怒りが盛り上がってきて、CP（民警）にも拳銃の携帯を認めよ、という世論が盛り上がったからである。私自身、小学校時代にこの芝居をみて、崎原巡査にいたく同情したのをおぼえている。

時代はずっと下って一九九五年九月、米兵による少女暴行事件が発生して県民の怒りが爆発、各地の抗議集会に約一〇万人（先島《さきしま》を含む）が結集して、基地撤去の声を日米両国の世論に訴えた。この世論の力が両政府の政策を動かす力になって、九六年四月の普天間飛行場や那覇軍港の移設などきめたSACO合意（日米特別行動委員会報告）に結びついたのだった。SACO合意そのものは辺野古《へのこ》への移設をめぐって新たな基地闘争に発展しているが、そもそも沖縄県民があの少女暴行事件に対してなぜあれだけの強い怒りを示したかといえば、終戦直後の収容所時代から鬱積してきた忌まわしい事件の数々の記憶と、口に出せない怒りと屈辱感がいちどきに噴出した局面だったのである。

ふだんは穏和で従順な沖縄人の性格が、一変して怒りを爆発させるという場面が、戦後の沖縄の民衆運動史にはしばしば見られる。要するに、占領時代から続いてきた「基地沖縄」の基本的な矛盾が復帰後の現在もまだ解消されてないという証左でもあったのだろう。

（4）謀略基地からゴルフ場へ

「観光立県」を標榜《ひょうぼう》する沖縄県や観光業界にとって広大な米軍基地の存在はやはり目の上のタンコブであるらしく、観光ＰＲでもあまり基地の存在は触れたがらない傾向が見られる。たしかに「癒《いや》しの島」に軍事施設は似合わないかもしれない。しかし、いま沖縄観光がめざしているのは、三泊四日の駆け足ツアーから長期滞在型のリゾート観光や体験学習旅行への脱皮であるという。それなら「臭い物にはフタ」といった姑息な気配りはとっぱらって、むしろ「基地の島」の現状から日本の将来を見わたすような、「考える旅」をお勧めしてもいいのではないか。

県立博物館の職員であったころ、しばしばＶＩＰの案内や研修旅行の講演などを頼まれることがあったが、私たちが心がけたことは、なるべく端的に沖縄の特徴を示して沖縄の全体像を浮かび上がらせるような工夫をすることであった。

私は沖縄の特徴を次の六つのポイントにしぼった。

①亜熱帯のサンゴ礁の離島県
②琉球王国の時代
③琉球王朝文化の伝統

④沖縄戦の体験
⑤横型共同体社会の生活
⑥「基地沖縄」の戦後史

ある時、この六つのポイントをわが玉城村《たまぐすく》（現南城市）に適用して、村内コースだけで沖縄の縮図が描けないものかと平和ガイドの仲間たちと議論したことがあった。

サンゴ礁の海なら新原《みーばる》ビーチがある。琉球王国なら糸数《いとかず》城跡、玉城城跡、ミントングスク、奥武《おう》島観音堂などを歩きながら語れるだろう。琉球文化の見学を望むなら国指定文化財の「仲村渠《なかんだかり》樋川《ヒージャヤー》」があるし沖縄ワールド（玉泉洞）でエイサーや琉球舞踊を鑑賞し、工芸品や黒糖をつくる現場を見学すれば十分堪能できるはずだ。沖縄戦を語るには平和学習コースのハイライト・ポイントの糸数壕（アブチラガマ）がある。横型共同体社会の仕組みを説明するなら門中《むんちゅう》墓に案内して、墓庭で繰り広げられる葬式や清明祭《しーみー》や門中組織の集い、ついでに門中模合《もあい》などの地縁血縁に頼る相互扶助の習慣などを説明すれば本土の人たちには興味津津《しんしん》だろう……。

さて、ここまではよかったのだが、さいごの「基地沖縄」で困ってしまった。「玉城は基地のない村」という先入観が立ちふさがっているのだ。

実は玉城にも軍事基地があることはある。知念岬には、航空自衛隊のナイキ基地と陸上自衛隊のホーク基地がある。これは復帰の時点で米軍から引き継いだもので、航空自衛隊那覇基地（軍民共用）を守るための防空ミサイルが空をにらんでいる。

もっといえば、わが家の周辺にも「眼に見えない基地」が広がっている。私がひそかに「南十字星の見える海」と自慢している眼前の百名浦の沖き合いにも、「マイク・マイク水域及び空域」と「沖縄南部空域」と命名された空と海の演習場が広がっていて、演習日には戦闘機や攻撃用ヘリや空中給油機などが昼夜かまわず轟音をたてて往来する。それらの〝殺人機〟の一部は、いま移設問題で騒がれている普天間飛行場から飛来してくるのだ。私はその普天間飛行場に隣接した沖縄国際大学に通って絶え間ない爆音の下で平和学の講義を行っているのだから、まるで風刺マンガの一コマのような構図である。

ある夜、夜中の三時ごろ、突然、すさまじい轟音で寝込みを襲われたことがあった。聞いたこともない大音響なので、ふとんの上でしばらく考えていたが正体がわからない。翌日の新聞をみてナゾは解けた。二、三日まえから最新型のレーダーにかからないステルス型のF22戦闘機が嘉手納基地に一時的に配備されて、沖縄近海上空で訓練を行っているという記事が出ていた。このごろの演習は深夜に行われることが多い。アフガンにしてもイラクにしても、透視装置を使って夜間攻撃を行うのが増えているせいだといわれる。とにかく、大学で講義していてもわが家で寝ている時でも、沖縄に住んでいる限り、基地公害から逃れることはできないのだと再認識させられた次第だ。

ところで、わが村で「基地沖縄」を語る方法の問題だが、眼に見える基地がないことには説明は難しい。考えあぐねたすえ、「基地の跡地利用」というテーマで琉球ゴルフ倶楽部を一周してみてはどうだろうという案が浮かんできた。

琉球ゴルフ倶楽部といえば、いまでは女子プロゴルフの宮里藍さんが全国デビューの初優勝を飾ったゴルフ場としてかなりの知名度がある。そのゴルフ場はちょうど三五年前の日本復帰と同時に撤去されたいわくつきの秘密基地だったのだ。跡地利用でいまでは美しいグリーンが広がっているが、当時の基地の金網（フェンス）や将校用の住宅などはいまでも残っている。ゴルフ場を一周しながら、「基地のない村」といわれた玉城になぜこのようなＣＩＡ直轄のスパイ基地が居続けていたのか、ベトナム戦争の最中、この秘密基地の内側でどのようなことが行われていたのか、多くの村民がここで働いていたわけだから、話題に事欠かないだろうと考えた次第である。

以下は、私なりに調べた「ＣＩＡ基地物語」である。

三五年前の復帰の時点まで、知念半島の親慶原《おやけばる》の台地のど真ん中に鉄条網に囲われた広大な基地があった。ＣＳＧ（混成サービス・グループ）と呼ばれていたが、この部隊には不思議な点がたくさんあった。まず、勤務しているアメリカ人のうち軍人はごく少数で、すべて将官クラスだった。ほかの数百名のアメリカ人は民間人だといわれていたが、待遇は将校並みで、基地内に将校用の住宅が与えられ、家族用の住宅もあった。軍人（？）たちはほとんど基地の外に出て飲み歩くことはなく、したがって付近の集落にも米兵相手のバー街などはなく、爆音も騒音も米兵犯罪のない〝沈黙の基地〟であったから、玉城村には基地問題はないといわれ、「基地の村」であるという印象は当時からなかったのである。

だが、周辺の住民の間では、この基地が朝鮮戦争とかベトナム戦争に何かの関わりがある秘密部隊らしいということは噂されていた。基地の従業員はほとんどが知念半島の玉城、知念、佐敷《さしき》の住民で、地域住民にとってCSGは最大の職場であり、地域経済を支えるドル箱でもあった。

この基地の歴史は、戦前あった二つの集落を戦闘部隊が占領してキャンプを設置したことから始まった。その後、軍政府が置かれたり、モータープール（車両部隊）になったりしたが、一九五一年、朝鮮戦争の最中に設置されたのが混成サービス・グループ（CSG）と称する「正体不明の部隊」であった。

基地で働く従業員は通行パスを出してゲートを通行できるが、自分の職場以外への移動は禁止されていた。もちろん、基地の機能や性格、作業の目的などは秘密で、従業員の採用にあたっては厳重な思想調査と身体検査が行われた。機密性が高い基地とはいっても、周辺の村々から数百名の男女が軍作業に通勤しているのだから、断片的な情報は自然に外部にもれてくる。私の義兄は五一年の開設から七二年の閉鎖までカーペンター（大工）として勤めていたし、模合《もあい》仲間のT

君も八年間の勤務歴があったから、彼らから基地内の出来事を折々聞く機会があった。

T君はデリバリー（配達係）という部署にいたので、基地内を自由に移動できるパスでオフィスやハウスを回って郵便物や注文品を配達していた。だから一般の従業員が知らない施設やエリアのこともかなりくわしかった。

基地の一番奥のZエリアといわれる施設は二重のフェンスに囲われていて、朝鮮戦争のころは中国人らしい男たちが、ベトナム戦争のころはベトナム人らしい男たちが連行されるのを目撃した従業員は多い。隔離されたエリア内では捕虜の尋問が行われたり、スパイ要員の訓練が行われているだろうと噂されていた。

この謎めいた基地が朝鮮戦争やベトナム戦争とつながっているらしいことは、作業の内容と仕事量で想像がついた。作業は密閉された建物の中での梱包作業が多かった。郵便小包ほどのケースの中に、万年筆型のピストルとか折りたたみ式の特殊銃や携帯食糧やコンドームなどを詰め込み、ボックスごとに小さなパラシュートをつけていく。別の施設にはパラシュートを折りたたんで梱包する作業場もあって、それには小型ケースに付ける小型のものから戦車を投下する大型パラシュートまでさまざまあった。CSGで梱包された特殊用品は夜間にトラックで嘉手納基地まで運ばれていく。おそらくベトナムやラオスなどのジャングルに投下されて、秘密工作員のゲリラ活動に使われるのであろうと推測された。

配達係のT君は一般従業員が立ち入れないエリアにも立ち入ることができるが、配達先はすべて三桁の数字で表記されていて、それは、ベトナム、ラオス、中国、朝鮮、台湾などのアジア各地域の暗号だった。米軍のラオス侵攻の記事が新聞で騒がれたころはラオス部局のオフィスへの配達物が増えていた。ある日、奥まったエリアの建物へ書類を届けに行ったところ、屋内には印刷機がずらっと並んでいた。あとで聞いた同僚の話では、「あそこはニセ札や謀略ビラを印刷するところで、滅多に人に見せない場所だが……」ということだった。

「正体不明の部隊」といわれたCSGの正体が暴かれたのは、沖縄返還協定が調印された七一年六月から二週間後に『ニューヨーク・タイムズ』に発表された、「米国防省ベトナム秘密報告」に関連した暴露記事であった。はじめて明るみに出た秘密報告書の中に「CSG＝知念キャンプ」がCIA（米国中央情報局）の基地であることが明らかにされたのである。

「CIA―沖縄・支援基地。沖縄ステーションは、それ自体、軍類似の施設であって、非通常戦争活動の広範な支援が求められる極東での危機的状況にあたっては、そっくりそのままこの任務を遂行することができる。所在地は、キャンプ知念で、陸軍の援護のもとに、独立自足の基地を形成している」と書かれている。要するに、わが村に二〇年も居つづけた「沈黙の部隊」は、アジアの各地で秘密工作（非通常戦争）を展開していたCIAのスパイ基地であったわけだ。

『ニューヨーク・タイムズ』の暴露報道をきっかけになって、日本共産党国会議員団が三次にわたって沖縄基地の調査を行い、沖縄協定をめぐって与野党が激突した「沖縄国会」において親慶《おやけ》原《ばる》のCSGと国頭《くにがみ》村奥間のVOA（「アメリカの声」放送局）の問題を取り上げて政府を追及した。七一年六月に締結された沖縄協定の付属文書では、沖縄に存続させる米軍基地リストが添付されているが、その中にCIAの施設であるCSGと第七心理作戦部隊のVOAが沖縄に存続されることになっていたのだ。日米安保条約の第六条は「アメリカ合衆国は、その陸軍、空軍及び海軍が日本国において施設及び区域を使用することを許される」としか書いてない。軍隊ではなく政府機関であるCIAの施設は含まれてないはずだ。また、中国やソ連、北朝鮮などに向けて謀略放送の電波を発しているVOAは国内電波法にふれることになる。追及された日本政府は掌を返すように、「基地リスト」からCIA関係の施設と第七心理作戦部隊の関連施設を削除した。CSGは復帰とともに閉鎖され、VOAは五年以内に撤去と決まった。

七二年一一月に日本共産党国会議員団が発表した『調査報告・沖縄米軍基地』（新日本出版社）の中で親慶原のCSGの性格と機能が詳細に述べられているが、とくに注目されたのが、このCIA秘密基地が鹿地《かじ》事件の現場であることが確認されたことだった。「鹿地亘《わたる》拉致監禁事件」（五一から五二年）は、米軍占領下のCIAがらみの怪事件として国会でも問題になった事件だった。日中戦争の最中、中国で反戦運動に参加した作家の鹿地亘が戦後米軍に拉致され監禁されたという事件で、目隠しをされて沖縄まで拉致されたのは知られていたが、監禁された場所が窓外の風景や施設内の状況などからCSG内であったことが突き止められたのである。

こういういわく付きの秘密基地だからもはや存続はムリだと判断したのだろうか、七二年三月一日付でCSGの従業員全員に「人員整理予告通知書」が届けられた。復帰前日の五月一四日付でCSGは閉鎖され、従業員約六〇〇人は全員解雇されることになった。

日本復帰にともなう「復帰混乱」は各方面で起こったが、わが村にとっての復帰混乱の筆頭がこの全員解雇事件であった。

施政権返還によって沖縄から撤退する部隊の中で、核ミサイルや毒ガスやB52戦略爆撃機などは世論の後押しもあって存続論は出にくいが、CSGやVOAのような「静かな基地」の場合は、基地収入に依存する人たちにとって撤去は死活問題でもあっただろう。VOAを抱える国頭村でも賛否両論の意見が対立したようである。大人たちの議論を聞いていた高校生の一人は、悩んだあげく自分なりの考えをまとめて、私たちが取材・編集した『沖縄の青春・高校生は訴える』（七一年・日本青年出版社）に手記を寄稿した。

「米軍基地でのわたしたちの労働の結果がベトナムでは生命・財産の破壊へ、戦争の肯定へとつながるのであれば、今次大戦で散ったあの何十万という戦没者の霊に平和を誓ったわたしたち沖縄県民の平和という観点からしても、基地経済からの脱却は当然ではなかろうか。……ここで基地経済に代わる沖縄の平和産業について考えなければならないが、わたしは青く澄みわたった空と濃い海原をキャッチフレーズに、さらに沖縄の心をプラスした観光立県。将来が有望視される尖閣油田の開発。そして、パイナップルや砂糖キビを主とした第一次産業の発展など……」（辺土名高校三年・嘉陽宗幸）

こんど三五年ぶりにこの文章を読みかえして、その先見の明に正直なところ舌をまいてしまった。あのころ「観光立県」などというキャッチフレーズがあっただろうか。復帰不安の中で最大の懸念は、人口流出による過疎化と高齢化であった。琉球政府の幹部から経済学者まで、過疎化を防ぐ方策として海岸を埋め立てて工場用地を造成して工場誘致を図るのに力を入れた。政府も沖縄振興開発計画にもとづいて大型開発や基盤整備に力を入れて、三五年間に七兆八千億円という公共事業費を投入したが、工場誘致はほとんど失敗、公共事業に投じた事業費もおおかたは本土ゼネコンに吸い取られて本土に逆流してしまった。沖縄経済を本土並みの水準まで引きあげて戦後二七年間の空白を補って本土並みにもっていくのが目標だったが、いまなお県民所得は全国平均の七〇数パーセントを低迷するありさまである。

大企業誘致や大型開発には失敗したものの、救世主のごとく立ち現れて沖縄経済を支え人口流出をくいとめ沖縄社会を活性化させた救世主は、じつはあの高校生が頭に描いていた観光産業であり、平和産業であったのである。現在、ＣＩＡの秘密基地だったＣＳＧ跡地は琉球ゴルフ倶楽部のゴルフ場に生まれ変わって全国的に女子ゴルフ登竜門として知られている。また、あの高校生が住んでいたＶＯＡ跡地も海浜リゾートの名所・奥間ビーチとなって全国からの観光客を集めている。

復帰によって返還された米軍施設はまだ数パーセントにすぎないが、返還された跡地は北谷町《ちゃたん》の美浜タウンにしても銘苅《めかる》米軍ハウジング跡地の那覇新都心地区にしても、基地に依存した経済よりも、沖縄の自然と文化と沖縄のチムグクル（肝心）を活かした平和産業、ソフト・パワーこそが沖縄の生きる道であることを否定する人はいない。そして、「癒しの島」というキャッチフレーズに最もふさわしくない存在は、広大な軍事基地と爆音であることも自明の理である。沖縄は昔も今も、明暗が拮抗する矛盾の島である点もいまなお変わっていない。

沖縄が「基地の島」から正真正銘の「癒しの島」に浄化されるのはいつの日のことだろう。

あとがき

今年は沖縄の日本復帰から三五年、ちょうど一世代の歳月が経過したことになる。

ここ三十数年、戦争体験の聞き取り調査に歩き回ってきた自分自身が、戦争を記憶している最後の世代として、自らの体験を語らねばならない順番が来ているのだ。せめて自分がかかわってきた沖縄県史や市町村史の戦争体験記録運動、沖縄戦を考える会や平和ガイドの会が取り組んできた戦跡保存運動、平和祈念資料館の展示、「平和の礎《いしじ》」の刻銘事業、一フィート運動の映画づくり、沖縄修学旅行の平和ガイドなどのことを、運動の後継者である沖縄平和ネットワークの若者たちに伝えておきたくて、数年前から古い資料を広げたり補足調査を行ったりして下書き原稿を少しずつ積み上げつつあった。

私としては、自分史にかかわるすべての活動分野にわたって総括的な記録を書き残しておきたかったのだったが、そんなオキナワ的悠長さを吹き飛ばすような〝事件〟が突発した。「大江・岩波『集団自決』訴訟」と「教科書検定『集団自決』歪曲問題」である。突発事件といっても、その根は深く対立の歴史は長い。ひと言でいえば、日本国家による沖縄戦の真実の歪曲と靖国化、これに対する県民の怒りと抵抗という構図である。そのうえ問題は全国に共通する歴史教科書のことだから沖縄だけの問題では済まされない。

事は重大で急を要する。私に緊急出版の決断をうながしたのは、『観光コースでない・沖縄』で沖縄修学旅行に新しい道を開拓して以来の盟友ともいうべき、高文研の梅田正己さんと山本邦彦さんのお二人だった。根幹にあたる第Ⅱ部の「沖縄住民が体験した『軍隊と戦争』」はすでに下書き原稿ができていた。これに現在進行中の「大江・岩波『集団自決』訴訟」と教科書検定問題の歴史的、政治的背景を書き加えて一冊にまとめることにした。両氏には感謝この上ない。

沖縄県議会も全四一市町村議会も抗議の意見書を発している。県議会をはじめ、県内主要団体が結束して近く第二回目の県民大会が開催される。沖縄県の真実を歪めようとする日本政府への島ぐるみの怒りの声を全国に伝えるために、この小著が少しでもお役に立つことができれば本望である。

二〇〇七年　八月九日

大城　将保

大城将保（おおしろ・まさやす）
1939年、沖縄県玉城村（現南城市）に生まれる。沖縄史料編集所主任専門員として沖縄県史の編纂にたずさわった後、県教育庁の文化課課長、県立博物館学芸課長等をへて、県立博物館長をつとめる。
沖縄戦研究者として、著書に『沖縄戦』（高文研）『沖縄戦を考える』（ひるぎ社）共著書『修学旅行のための沖縄案内』『沖縄戦・ある母の記録』『観光コースでない沖縄』（共に高文研）など、また作家として嶋津与志の筆名で『琉球王国衰亡史』（平凡社）『かんからさんしん物語』（理論社）など、さらに戯曲「洞窟（がま）」「めんそーれ沖縄」、映画「GAMA—月桃の花」などのシナリオ作品がある。現在、沖縄国際大学非常勤講師、沖縄県芸術文化振興協会理事長、新沖縄県史編集委員、沖縄平和ネットワーク代表世話人。

沖縄戦の真実と歪曲

●二〇〇七年　九月一〇日——第一刷発行
●二〇〇七年一〇月一〇日——第二刷発行

著　者／大城将保

発行所／株式会社 高文研
東京都千代田区猿楽町二—一—八
三恵ビル（〒一〇一＝〇〇六四）
電話　03＝3295＝3415
振替　00160＝6＝18956
http://www.koubunken.co.jp

組版／株式会社WebD（ウェブ・ディー）

印刷・製本／株式会社シナノ

★万一、乱丁・落丁があったときは、送料当方負担でお取りかえいたします。

ISBN9784-87498-389-8　C0036